coleção
rosa manga

# UM PAI

Sonia Manski

# UM PAI

## Distância aproximada

*1ª edição, 2025, São Paulo*
*1ª reimptressão, 2025*

LARANJA ● ORIGINAL

*Alles in einem is nisht do bei keine.*
*(Tudo em alguém não existe em ninguém.)*

Ditado iídiche

*Para*

*Annie Ernaux, pela inspiração*

*Anna Veronica*, in memoriam, *pelo meu desabrochar*

*meu pai, pelos motivos óbvios*

*Maya, Dany, Arthur e Martin, por existirem*

*Paulo, meu sempre companheiro*

## A propósito de um Pai

*Moacir Amâncio*

O futuro não existe. Vivemos num presente-passado. Esse tempo é nosso laudo de existência. Se há algo que a narradora pretende esclarecer com perguntas intermináveis, expressas ou não, que pontilham sua experiência vital, é o passado recente de sua própria biografia. Para isso, terá de enfrentar suas lembranças, sempre costuradas por interrogações. E também seus esquecimentos e suas omissões voluntárias ou não. Os conteúdos que nela se manifestam formam o corpo vivo da memória. Impossível entrar nesse universo sem o espanto das emoções e a sensibilidade atenta com que se constrói o "já era". É desse mundo espesso e cheio de armadilhas que são feitos livros como este, de Sonia Manski, dentro da sua constelação de enigmas jamais resolvidos, matéria de perguntas, angústia e fascínio.

O centro ocorre quando a figura do título se faz presente com sua força de esfinge, diante do qual a narradora se dobra nesse ato de escrita. É ali, intangível, fugidio, inapreensível que se coloca a figura fisicamente próxima do Pai, a quem a Filha dedica este resumo tocante de vidas com seus gestos, desejos, sonhos e recusas. O viver condensado dentro das páginas espera o leitor e suas próprias interrogações. E esse feixe de vida intangível nos comove em cada fração de texto que se abre para o passado-futuro num lapso tido como presente que sempre nos faltará.

Percebe-se no correr das páginas que a autora dessas lembranças, também imaginadas no processo chamado criativo, faz uso da veia de romancista. Isso lhe permite montar as cenas de rememoração em uma sequência que expõe fragmentos da luta vital empreendida pelo Pai, imagem sintética de vibrações e questionamentos sem resposta.

Como ele era? Seria mesmo assim? Por quê? Há por quê? De onde vieram a determinação e a ousadia daquele adolescente numa família judaica, submetido à calculada fúria nazifascista que provocou o caos para "os outros", os excluídos, confundindo-os e dominando-os para exterminá-los? Esse jovem que sobrevive para o imprevisto avança por instinto e garra em meio à destruição ininterrupta, sistemática, previsível e inacreditável, embora factual, promovida pelas forças da barbárie debochada. E é com o ímpeto da coragem compulsiva que ele explica o motivo de sua separação da família no meio da guerra, quando o horizonte único à vista é o caos do processo da destruição sistemática. E é a esse caos produzido pelos homens que ele responde com o desafio vital.

Vai embora porque não quer morrer. Simples. É confinado em um gueto, onde aprende a obedecer sem piscar às ordens mais absurdas para sobreviver. Cumprir ou morrer. Assim ele também aprende a matar sem delongas, na hora. Consegue fugir e junta-se aos *partisans* para o que der e vier. Num mundo onde a expressão de vida é o seu contrário, enfrentar e assumir esse oposto torna-se a única saída. Surpreende a determinação diante do desespero expresso nas reações instintivamente repentinas. Peças metálicas avulsas transformam-se, pelo milagre das mãos, em pequenas máquinas de morte: delas depende a vida. Às armas. Essa habilidade o acompanharia para sempre, porém com objetivo contrário, aplicada à produção de utensílios domésticos corriqueiros e essenciais para o dia a dia, muito longe de lá, da origem.

A autora, nascida em São Paulo, numa família já de classe média sacrificada e depois ascendente, vai buscar informações sobre o Pai em depoimento concedido por ele à Fundação Shoah, criada por Steven Spielberg, para enfrentar esse enigma que, enfim, ancora sua vida e a da família constituída na cidade de São Paulo.

E é em torno dessa personalidade tão impressionantemente concreta, fluida, inapreensível e inatingível que se estrutura o novo núcleo de outras histórias no dia a dia banalizado – aparentemente – dentro do universo paulistano dos anos 50, 60 e seguintes. Luta contínua, infinita e vitoriosa pela sobrevivência, apresenta traços picarescos, divertidos, ternos e naturalmente conflitados no ramerrão da labuta. É a vida normalizada. Diante dos desafios no país estranho, o Pai confecciona, com suas mãos de artífice, engenhocas utilitárias para uso doméstico, de espiriteiras a panelas de pressão. A partir disso, com sua arte – universal – da sobrevivência, versatilmente adaptada às novas circunstâncias, evolui para objetos industrialmente produzidos.

Os olhos da filha, a narradora, expõem, com mãos de romancista, em uma narrativa em tom de crônica, a sequência de cenas, sempre em busca do sentido extremo de todas as vidas resumidas em interrogações diluídas no cotidiano da cidade. Estamos no mundo das memórias paulistanas, diante da mutação de tudo, com suas ruas, seus bairros, o Bom Retiro que, após ser ocupado pelos italianos, torna-se judaico, habitado por muitos judeus originários das diversas Europas como elemento das cores com que se pinta e configura o burgo.

O lance de habilidade da autora é o toque ligeiro das suas pinceladas. O tom espontâneo das frases breves e pontuais cresce em força e estranha dramaticidade, afetando a narrativa com um misto de dor e carinho em seus modos intencionalmente simples de dizer.

Muda o tom, obviamente, das cenas de guerra para a intensidade das interrogações do pós-guerra, em outro desafio de sobrevivência, desta vez em um cenário em plena construção, pessoal e coletiva, doméstica e profissional. E a busca pela iluminação do lado mais ou menos oculto daquele homem e a sequência de suas batalhas íntimas continua. Sob a pressão da memória, novas perguntas e atitudes.

# Prólogo

Foram dois títulos de Annie Ernaux que me impeliram a escrever este livro. Como sou uma pessoa que só funciona sob pressão, deixo aqui meus agradecimentos a ela.

Ao ler *O lugar*, sofri o impacto do primeiro capítulo quando, no momento de sua aprovação no concurso para professora, a distância social entre ela e o pai, um operário, se concretiza. Me identifiquei. Mais adiante, aparece uma frase semelhante à que eu tinha ouvido do meu pai, um industrial a quem foi vedada a possibilidade de instrução: "Você não vai ter vergonha de mim".

Em outro livro, *Vergonha*, me surpreendeu a primeira frase: "*Meu pai tentou matar minha mãe num domingo de junho no começo da tarde*". Não que meu pai tenha feito a mesma coisa, mas episódios de violência ocorreram.

O resultado foi a necessidade de revisão da história dele, em sua ausência e sob a minha perspectiva, tentando explicar para mim mesma os motivos desse quadro complexo.

Ao mexer nos arquivos da memória, foi inevitável ressurgirem passagens de agressividade e descontrole. Me ocorreu que pudessem estar associadas à sua passagem pela Segunda Guerra Mundial como *partisan*. "Teria a guerra acabado mas continuado dentro dele?" – era a minha pergunta. Existiriam danos colaterais?

Apátrida, desterrado, sem recursos, assim chega ao Brasil, único destino disponível.

Para as bastantes informações que me faltavam, recorri à Fundação Shoah, criada por Steven Spielberg, cineasta estadunidense, onde estão arquivados e disponíveis videodepoimentos de sobreviventes em todo o mundo. Fui abduzida por essa fonte: ouvir a voz e ver a figura do meu pai me levou a transcrever e aproveitar ao máximo sua presença ausente.

Além da minha memória subjetiva entremeando toda a narrativa, coletei outros testemunhos que trazem à tona traços da sua personalidade e o conflito instaurado na família a partir da suposta traição de sua esposa.

Tive muitas dúvidas sobre revelar essa sua faceta: peço perdão pelo desatino e pelo vício de contar. Contar para entender ou expurgar.

# Capítulo I

"E quanto você vai ganhar com isso?" Como assim, quanto eu vou ganhar com isso? Ganhei na loteria de ter um livro publicado e meu pai faz uma pergunta dessas? "Nada, pai, nada." É um privilégio encontrar alguém que acredita no que eu escrevi a ponto de bancar a publicação.

Essa pergunta ouvi no dia em que fui chamada pela editora – a quem tinha enviado um rascunho – para uma conversa e recebi a surpreendente notícia: ela tinha gostado do texto e queria publicar o livro. Tomada por uma alegria imensa, ao sair do prédio, fiquei em dúvida aonde ir.

Entrei no carro e na hora pensei que meus pais ficariam muito felizes ao receber a notícia e mereciam recebê-la ao vivo e em primeira mão.

"Ótimo", pensei. A casa deles fica bem no meio caminho entre a editora e a minha casa, entre um bairro de classe média alta e outro mais próximo ao Centro.

Já estava anoitecendo quando chego, embico o carro na garagem atrás do carro do meu pai. Que bom! Ele já está em casa. Toda feliz, entro – ainda tenho a chave – e dou de cara com minha mãe e meu pai.

Toda animada, conto que eu ia ter meu primeiro livro publicado. Minha impressão é que nenhum dos dois entendeu o quanto receber aquele sim tinha sido importante para mim. Talvez tenha sido uma novidade um pouco maior do que coubesse no mundo deles.

Na hora em que ouvi a pergunta, mais uma vez compreendi no que a vida do meu pai o transformou. Ele não falou por mal com certeza. Só queria meu bem. Como não privilegiar os bens materiais quando viveu durante a guerra na floresta como *partisan* e passou fome?

Da mesma forma, quando eu tive filhos e estava empregada, ele se ofereceu para pagar meu salário em troca de eu me dedicar mais à família. Daquela vez talvez eu tenha ficado um pouco injuriada. Pura imaturidade.

Continuei ao longo da vida sentindo a enorme diferença entre a minha maneira de pensar e a dele. Uma distância incalculável não só por causa da falta de comunicação – talvez pela dificuldade de expressão em um novo idioma –, mas pela urgência das prioridades escolhidas, produto do seu passado.

Mas tudo bem. No dia do lançamento, escrevi uma bela dedicatória no livro deles, que acabou voltando para mim quando eles se foram.

Apesar do abismo, nada disso se traduzia em desamor. Muito pelo contrário.

## Capítulo II

Meu pai não sabia exatamente em que ano nasceu. Tanto podia ser em 1921 quanto em 1922. Também não sabia o dia nem mesmo o mês. Minto: era dezembro porque é o mês em que normalmente cai a festa de *Chanucá*[1], e desse dado ele se lembrava. Pena que resolveu a questão apenas em parte porque o feriado dura uma semana.

Como entrou no Brasil em dezembro de 1946, sem documento algum e como apátrida, escolheu para seu aniversário o dia da chegada, 22. Pode até ser que considerou ter renascido aqui para uma nova vida, depois de ter sobrevivido às perseguições aos judeus na Segunda Guerra Mundial. Ou não. Duvido que tenha sobrado tempo para qualquer tipo de reflexão nessa hora. Ainda mais conhecendo o tipo do sujeito. Um dos bordões que

1 *Chanucá*, conhecida como Festa das Luzes, comemora a vitória dos Macabeus em 165 a.C. contra a dominação da Judeia pelos Selêucidas.

sempre repetia era: "matar o assunto". Então matou o assunto do nascimento.

Sei que nasceu na cidade de Lida, existente até hoje. Dependendo do ano, pertencia a um país. Polônia, de 1920 até 1939, quando é invadida pelos russos; em 1941, é ocupada pela Alemanha nazista; e em 1944, retomada pela União Soviética. Hoje faz parte da Bielorrússia.

Também pouco falava de sua vida antes de chegar ao Brasil. Apenas comentários esparsos, repetidos muitas vezes, e por isso lembrados por mim.

O pai era açougueiro; a família, religiosa. Sem sombra de dúvidas, o *shabat*[2] era respeitado: um jantar mais elaborado acontecia, e os filhos – meu pai, um irmão dois anos mais novo e uma menina caçula – vestiam uma roupa reservada para ocasiões especiais.

E como a caridade faz parte da doutrina, a mãe acordava na sexta-feira ainda de madrugada e preparava uma fornada de pães trançados, as tradicionais *chalot*, parte integrante das comemorações da chegada desse dia de descanso, para serem distribuídas para as famílias carentes da cidade. Meu pai contava que ele e o irmão saíam juntos pela cidade para ajudar nessa tarefa, cada um segurando em uma alça da sacola.

Diante da minha falta de conhecimento de como teria sido a vida dele durante a infância e a adolescência, fui ouvir sua entre-

2 *Shabat* é o dia de descanso para os judeus, da mesma forma que D'us descansou no sétimo dia.

vista para a Fundação Shoah, datada de 22 de julho de 1997[3], disponível no YouTube.

Pois não é que a história que ele conta sobre a distribuição dos pães é diferente daquela na minha memória? Pelo menos as diferenças são irrelevantes. E tanto faz qual é verdadeira.

A versão do vídeo é que a mãe fazia a *chalá* bem cedo para dar tempo de sair arrebanhando pães pela cidade e distribuí-los para as famílias carentes antes do início do *shabat*. Quando meu pai e o irmão a viam voltando e carregando uma sacola pesada de cada lado, corriam para ajudá-la. Cada um segurava uma alça enquanto ela segurava as outras e assim a ajudavam a distribuir para as pessoas pobres. Interessante que, ao tocar nesse assunto, sempre fazia questão de repetir que a mãe era uma *tzadeike*[4], palavra em *iídiche*[5], de difícil tradução, que se aproximaria de piedosa ou justa.

Na falta de fotos da cidade do meu pai, adotei as imagens do filme *Um violinista no telhado*, embora passado no início do século 20, um pouco antes de meu pai nascer. Talvez Lida fosse um pouco maior, mais do que uma aldeia, com seus aproximados 12 mil e quinhentos habitantes, sendo 40% judeus, segundo consta.

3 https://www.youtube.com/watch?v=8dM-FVq4qvc&list=PLVGjXe3h5SkHw5TYhQzkTSWQfC2Anp96f. Acessado em 8 ago. 2024.

4 *Tzadeike*, palavra de difícil tradução, seria "justa" ou mesmo "piedosa". Fica mais claro o sentido sabendo que as palavras em hebraico são normalmente formadas por raiz de três letras. E da mesma raiz de *Tzadeike* (justa), se origina *tzedek* (justiça), também *tzedaká*, usada em português como caridade, mas o verdadeiro sentido é de justiça social, e *tzodeket* (você está certo).

5 Língua que funde o alemão e o hebraico, dialeto dos judeus da Europa Oriental.

Por causa da grande proporção de judeus, os costumes eram mais ou menos conhecidos por todos. Como prova disso, ele, apaixonado por futebol, conta que, quando às sextas-feiras o jogo se prolongava até começar a escurecer, os amigos não judeus logo lembravam-no de dirigir-se à casa para a mãe não ficar brava. Para quem não sabe, os dias judaicos seguem o calendário lunar e começam ao anoitecer. Quer dizer que o dia sagrado de descanso, o *shabat*, seguindo o padrão divino do sétimo dia, corresponde ao nosso sábado e começa na sexta ao anoitecer.

Aqui, mais alguns dados sobre sua infância, transcritos por mim a partir da entrevista.

> *– Aos domingos eu jogava futebol. Sábado não. Jogava bola eu, jogava muito bola eu, quando era menor jogava mais bola eu, depois a gente fica mais velho um pouco e não jogava tanta bola. Eu jogava bem bola, eu era zagueiro central, se fala no Brasil aqui. Eu jogava bola eu, eu gostava* [aqui ele dá um belo de um sorriso, demostrando alegria], *eu gostava jogar bola.*
> *– Que língua o senhor falava em casa?*
> *– Iídiche.*
> *– E com os amigos?*
> *– Iídiche também. Não tinha outra língua. A gente falava polonês, mas pouco. Só iídiche* [ele dá um belo sorriso, e o rosto demonstra alegria]. *Iídiche, só falava iídiche. Era uma cidade iídiche.*

Por menos tempo que tenha passado na Itália no final da guerra, pouco mais de um ano (em um campo de refugiados, antes de vir para o Brasil), ainda assim conseguiu jogar bola em algum time de várzea, como se diz aqui. A prova é uma foto dele com uniforme.

De tanto gostar desse esporte, sempre que podia, ouvia os jogos no seu radinho de pilha. E eu detestava aquilo que para mim era um barulho porque nada entendia. E como ele adorava meu filho e vice-versa – um entendimento em que palavras eram desnecessárias – transmitiu para ele a mesma paixão e era comum levá-lo ao estádio para assistirem juntos ao jogo do time para o qual torciam. E eu adorava esse contato estreito entre eles, compensando o que faltava para mim.

E sei muito pouco mais do que isso.

(A pergunta que ficou para sempre sem resposta é: por que terá esquecido a data e o ano do aniversário? Essa e muitas outras. Desde que me dei por gente, estranho a falta desses dados. Talvez fosse coisa sem importância na época. Seria costume não comemorar a data? Tento encontrar a gênese de sua falta de recursos para além daqueles necessários e tão valiosos para sua sobrevivência imediata. Aparentemente, para o bem e para o mal, continuou utilizando estratégias que se revelaram valiosas na guerra, já que a inércia está entre as mais poderosas forças.)

## Capítulo III

Já que eu fui ouvir a entrevista mais uma vez, muito por causa da incógnita que ficou em mim do período entre sua fuga de casa e a volta para a cidade natal em busca de parentes, amealhei mais detalhes, principalmente datas. Também consultei o capítulo escrito por uma pesquisadora[6] sobre sobreviventes do Holocausto na Segunda Guerra. Se bem que tudo também pode estar modificado pelas memórias tanto minhas quanto dele. De qualquer forma, os fatos devem estar no intervalo entre essas lembranças.

E aqui, o que conta é a versão que ficou para mim. Mesclada com a dele.

Estudou na escola judaica *Talmud Torah*, onde aprendeu a Bíblia, as rezas em hebraico, as festas etc. Depois, em uma escola pública polonesa; na adolescência trabalhava para ajudar a família

6 Blima Lorber escreveu um capítulo sobre meu pai no livro *Histórias de vida: refugiados do nazifascismo e sobreviventes da Shoah*, coleção Vozes do Holocausto 6, Edusp.

em uma fundição. “Precisava trabalhar, trabalhei.” Pena que a guerra interrompeu seus estudos.

Embora a Segunda Guerra tenha começado em 1939, por causa de um pacto de não agressão entre a Alemanha e a Rússia – que pretendiam dividir a Polônia entre si –, a cidade em que ele nasceu (Lida) foi ocupada pela russos. Se não eram os melhores, com certeza estavam longe de cometer as atrocidades nazistas.

A invasão da cidade pelo exército alemão chegou até ele pela audição: em 1941 foi acordado pelo barulho de explosões. Ao sair de casa, não só viu que tinham bombardeado a estação e destruído o hospital e a sinagoga como também se deparou com crianças e adultos queimados e mortos nas ruas.

*– Bombardearam o hospital e a sinagoga. Nós fomos olhar. A sinagoga nossa era perto de casa, perto do hospital também. Então eles bombardearam o hospital, e quando eu saí de casa de manhã cedo, eu vi lá, meu D'us do Céu, eu vi lá gente queimada a torto e a direito, crianças, adultos, queimados e mortos na rua. E eu disse: "não tá bom". Não sabia o que fazer. Uns gritavam, uns corriam para cá, corriam para lá. Era uma miséria, era, era uma miséria.*

*– O senhor lembra quando foi?*

*– Não lembro direito que data era. Talvez 5 de maio.*

*– Estava calor, estava frio?*

*– Estava calor, devia ser junho, julho, mais ou menos. Primeiras bombas caíram na estação do trem, mas no hospital também, centro da cidade também, bombardearam tudo.*

*– O senhor tinha quantos anos?*

*– Dezesseis anos, dezesseis anos mais ou menos, não sei. Minha irmãzinha tinha uns dez anos.*

No seu português, explica que começou a sentir de fato os horrores da guerra com a ocupação alemã.

*– Alemães entraram, começaram a pegar judeus, alguns mataram que não gostaram. E assim em diante. Quando eles entraram lá, começaram a judiar muito a gente. Matar a torto e a direita. Vi que a situação não está muito boa. Fazer o quê? Não tem o que fazer. Já vimos esses problemas com exército alemão.*

Todos foram obrigados a deixar suas casas para morarem amontoados em um gueto, diversas famílias ocupando a mesma casa, ao longo de uma mesma rua, cercados por arame farpado e vigiados.

Entre os que foram convocados para trabalho escravo, meu pai primeiro foi escalado para uma padaria – ele explica: "fazia pão e sopa para dar para a gente" – e como logo se mostrou competente – "o alemão gostou de mim, viu que eu trabalhei bem" – foi transferido para uma oficina onde consertava armas e todos os tipos de objetos. Conta que sua obediência deliberada, "cabeça abaixada, sem olhar diretamente para eles", bem ao contrário de sua índole, conquistou a confiança dos seus algozes.

*– Às vezes, alemão chegava: "me engraxa sapato!". Aí pegava, engraxava sapato dele, fazia bem feito. Ele gostava. São idiotas, povo alemão é idiota. Eu achava que são idiotas, eu achava. Saía de*

*lá, mandou a gente pegar lama, tinha muita lama. Mandava pegar com a mão e jogar para o outro lado, veja se tem cabimento. E a gente fazia. A gente fazia, não podia dizer não. Fazer o quê? Andavam a cavalo, cavalo bonito, ele mais um, mais uma moça. Dois oficiais, duas moças, gostavam de andar de cavalo, andavam de cavalo, calça de andar de cavalo, sapatos de andar de cavalo. Alemães, a gente vê na cara deles, nazistas, sem-vergonhas. Mandavam às vezes polir móveis, traziam óleo, lixa, fazia todo serviço para eles.*

Sempre pensou em fugir. Difícil para sua personalidade lutadora e ativa aceitar a situação. A ideia de escapar gestava em sua cabeça desde o início da chegada dos nazistas. E foi lidando com o conserto de armas russas, observando as peças se amontoando em uma pilha nos fundos do lugar, que teve a ideia de montar algumas para si e se juntar ao grupo de *partisans*, de que tinha ouvido falar por notícias que lhe chegavam do mundo de fora, por camponeses que vinham até a cidade vender sua produção. Me chamou muito a atenção que, em vez de camponeses, ele usava a palavra caboclos. De onde ele foi tirar essa palavra, difícil saber. Mas assim designava os pequenos agricultores que escoavam sua mínima produção de leite, queijo, ovos etc. Os confinados no gueto usavam qualquer coisa que tivessem em mãos, roupas, joias, dinheiro etc., para trocar por alimentos. Como meu pai era útil como consertador, recebia uma sopa rala com batata. Por falar em consertos, quando eu era bem nova e precisava preencher em algum formulário sua profissão, ele me orientava a escrever mecânico, formado pela escola da vida, e não por alguma profissionalizante.

Entre os trabalhos forçados, tiveram que cavar valas para enterrar os mortos. Desconheço se ele chegou a cavar essas valas ou não. Na entrevista, quando perguntado diretamente, responde: "Como quem cavava? A gente cavava. Não tinha escolha". Difícil saber se ele estava dentro desse coletivo ou não, mas imagino que sim.

Essas valas a que ele se referia eram destinadas a uma matança coletiva ocorrida em 5 de maio, data que ele repetiu muitas vezes, mas não sei o ano. De novo me causou espanto ele ter usado a palavra hebraica *shechitá*[7] para designá-la, a mesma usada para o abate judaico de animais. Nesse dia, segundo ele, metade da cidade pereceu e o gueto ficou mais vazio.

Dois são os episódios que ouvi contados de forma recorrente.

Primeiro, talvez seja o que antecedeu esse assassinato: mandaram que todos se perfilassem e, sabe-se lá por qual critério, foram divididos em duas filas. Como seu irmão foi escolhido para a da esquerda, e ele para a direita, imediatamente puxou-o para seu lado, associando o lado esquerdo com a direção da floresta, ou seja, a morte. Assim sua intuição salvou a vida do irmão.

Segundo, mais impactante para mim, vem acompanhado de

7 *Shechitá* é um ritual judaico de abate que minimiza o sofrimento animal, feito por um profissional com formação específica (*shochet*), de modo que a carne fique apropriada para alimentação. A verdadeira questão, entretanto, é a espiritual. A Torá ordena ao judeu que use o método da shechitá pois não considera comer carne algo a ser tomado como natural. Antes de Noé, os seres humanos não podiam comer carne. Então, em uma lei dada por D'us a Noé depois do Dilúvio, comer carne se tornou permitido desde que o animal seja morto antes. https://pt.chabad.org/library/article_cdo/aid/2510207/jewish/Por-Que-a-Shechita-Importante.htm. Acessado em 3 set. 2024.

uma imagem muito triste, parte do meu acervo mental. Corresponde ao dia em que fugiu de casa – quer dizer, do gueto onde a família já estava confinada junto com todos os judeus da cidade. Por mais que ele tivesse avisado aos pais que tinha essa intenção, parece que eles não acreditavam.

*– Pai, eu vou embora.*

*– O que você vai fazer na floresta?*

*– Eu não vou esperar a morte.*

No dia em que ele avisou que ia fugir, conforme combinado com um grupo de amigos que também tinham arranjado armas e pretendiam se juntar a uma brigada de *partisans* na floresta, o pai não acreditou.

Era tarde, todos estavam recolhidos quando ele se evade. Percebendo sua falta, o pai sai em seu encalço e chama por ele na direção do bosque atrás da casa. Embora tivesse ouvido, não responde; ao contrário, se esconde atrás de uma árvore, para não ser visto.

*– Falei para o meu pai que queria ir embora. Meu pai falava não vai, o que você vai fazer na floresta, não vai ter comida. Falei, papai, eu vou. Eu vou. Eu não vou esperar a morte. Aí eu falei "'té logo papai, eu vou embora". E papai meu não acreditou que eu vou, que vou ter peito de sair. E eu queria ainda, 'tava no coração meu, queria meu pai me despedir dele, beijar ele, e a minha mãe, mas não sei que foi, eu saí, meu pai saiu na rua, lá tinha um quintal grande, tinha árvores, frutas, fruteiras, árvores, e me escondi, e*

*ele me procurou no jardim, perguntou lá, me procurou, me chamou e de repente porque já marquei com meus amigos, e nóis tem que sair daqui, saímos juntos. Aí o pessoal já 'tava me esperando, me esperando eu porque 'tava com arma lá, com meu metralhador, guardado bem no fundo, embaixo de lenha que tinha, precisava também tirar a lenha, metralhador, porque não tinha alemães lá no nosso gueto. Eu peguei, pus nas costas, já tarde, 10 horas todo mundo dorme, ninguém ficava esperando. Aí eu saí e fui. Fui, fomos embora, não tem mais. Todo mundo saiu a pé, pegamos comida que tinha lá, cada um que tinha lá. Um que tinha mais deu para gente, quem acabou a gente dava. E fomos na floresta Liptchanka pushia, não sei como que fala. Era inverno, inverno saímos. Não quis esperar eu. Fomos 11 ou 12 pessoas, não me lembro.*

Foi a última vez em que viu seus pais e a irmã caçula. Talvez para diminuir sua culpa, ao contar, alega que não podia deixar seus amigos (eram uns onze ou doze) esperando, já que tudo estava combinado para acontecer naquele dia.

Me chama a atenção – a partir desses relatos – que, apesar de o gueto estar cercado, dava para escapar, pelo menos foi o que ele fez, tarde da noite e às escondidas.

(Ouvi repetidas vezes que não queria ficar esperando a morte; que se recusava a ser enterrado nessas valas. Se fosse para morrer, queria morrer lutando. Suponho que esse espírito aguerrido – na falta de melhor explicação – deve ter nascido com ele e talvez se potencializado pelas situações de vida ou morte por que passou. E seu impulso quase instintivo para a ação – que provavelmente lhe garantiu a sobrevivência – vai permanecer como traço de sua personalidade mesmo depois da guerra, para o bem e para o mal, em sua vida familiar, testemunhada por mim ou contada para mim pelas minhas irmãs e por uma tia.)

# Capítulo IV

Apesar de já ter assistido ao videodepoimento do meu pai para a Fundação Shoah, da Universidade do Sul da Califórnia, filmado no dia 22 de julho de 1997 e disponível no YouTube, senti que precisava repetir a dose. Lembrando que essa organização foi criada pelo cineasta estadunidense Steven Spielberg para recolher no globo inteiro testemunhos de sobreviventes do Holocausto.

Embora a gravação de duas horas seja confusa, repetitiva, às vezes com falta de palavras em português, que aparecem em iídiche, russo, hebraico etc., fico viciada na escuta dessa presença ausente que me impregna e me constrange a transcrever mais trechos.

Continuando a história da fuga do gueto... Embora a decisão de tentar escapar estivesse tomada fazia tempo, foi depois de planejada com um grupo de amigos que se realizou. Talvez a matança de 5 de maio a que ele se referiu – de metade da população do gueto – a tenha precipitado. Saber que havia um grupo de resistência dava a ele um norte. Então, no inverno de 1942, fim do ano, conforme combinado com o amigo Baruch Levin, alguns anos mais velho, homem-chave que o ajudou a montar as armas e não tinha medo de lutar – como ele mesmo o descreve –, e mais alguns outros, se embrenham na floresta para se juntar aos chamados *partisans*.

> – *Fugi porque eu não queria morrer, para me levar nos buracos* [se referindo às valas que tinham cavado e onde foram enterrados milhares de judeus]. *Lá nos buracos, quando a gente passava lá, vi uma mão levantada assim* [ele levanta o antebraço para mostrar, um pedaço do braço e a mão aberta, não enterrados ainda]. *Parece que estava rezando Shemá Israel*[8]. *Assim eu entendi. Um pedaço de mão para fora da terra. Não cabia tanta gente nos buracos. Todo mundo morreu nessa shechitá. Mais ou menos mataram mais do que metade. Não posso dizer quantos, mas mais do que metade. Sobrou mais espaço no gueto.*
> – *O senhor viu isso?*
> – *Eu não vi, eu não vi porque fui para a direita. Puxei também meu irmão para a direita: da esquerda para a direita. Aí tinha muito mais espaço no gueto para ficar a gente. Depois dessa matança, ninguém sabia o que fazer. Ninguém se conformou. Todo mundo procurou fazer um esconderijo, fizeram uns buracos embaixo da casa, do assoalho, para se esconder quando viesse a última shechitá,*

8 *Shemá Israel* é uma das principais rezas judaicas, em que se afirma a fé monoteísta. Consta na *Torá* (o Pentateuco), que reúne os cinco livros principais da religião, sendo rezada de manhã e ao anoitecer.

*a matança, quer dizer. Mas não adiantava isso. Não tinha muito o que fazer, muitas pessoas doentes, famílias com crianças pequenas que não suportam o inverno, não tinham para onde fugir. Ficaram lá, ficaram lá, esperando a morte. Ficaram Kidush Hashem*[9]. *Vão matar. Se é mais cedo ou mais tarde, vão matar. Se já mataram mais do que a metade, o que tinha mais que esperar? Vão matar, era quase certo. Agora iam matar o resto. Por que tinha que esperar?*

– *O que o senhor acha que levou o senhor a ter essa vontade de lutar?* – a entrevistadora, assim como eu, curiosa pela motivação do meu pai, interrompe o discurso dele.

– *Ninguém quer morrer. Religioso, nacionalista, isso que me levou. Matando nosso povo? Onde nós estamos no mundo? Tem que lutar, tem que lutar. Conforme estava no meu partido revisionista*[10], *e gostava sempre de armas, não queria me entregar, então eu, eu me organizei. Muita gente esperava* nissim, nissim, *sabe?* Nissim veniflaot.[11] *Então eu peguei, eu fui na floresta, eu fui. Comecei a lutar, não tem onde chorar. Fui lá, não esperei ninguém para me dizer não vai. Não tinha ninguém que me animava. Esse Baruch Levin que me animou muito. Falei para ele: "olha aqui está cheio de armas russas, os alemães não vão usar". Estava tudo jogado nos fundos da oficina. Precisava de mais gente, mas não tinha*

9 *Kidush Hashem* seria um sacrifício, uma santificação do nome de D'us. No entanto, conforme o portal https://menorah.com.br/guerra-kidush-hashem/ (acessado em 9 ago. 2024), Maimônides, no século 12, teria ampliado o conceito: estaria em *kidush hashem* o judeu que fosse assassinado apenas por ser judeu.

10 O movimento revisionista pretendia formar um Estado Judeu de maioria judaica e livre para a imigração de judeus de todo o mundo no antigo território que, depois da Primeira Guerra Mundial, se configurava como território britânico.

11 *Nissim veniflaot*, em hebraico, em tradução livre seria milagres e sonhos.

*ninguém que queria ir. Pegaram gente mais moça para trabalhar, eu procurava bem trabalhar para não ter dor de cabeça, fazia tudo que mandavam. Aí eu tinha mais liberdade, podia andar. Era uma oficina fora do gueto que consertava coisas dos alemães e o que mandassem eu fazia. Não pagavam nada. Davam uma sopa de água com um pouco de batata. Eu trabalhava, eu trabalhava bem, não queria dor de cabeça. Quando alemão chegava, não olhava mais para eles. Quando perguntavam, eu falava alguma coisa, respondia em iídiche porque eu não falava alemão. Quando eles iam embora, eu ia lá no fundo, atrás tinha um monte de peças de armas, eu comecei a pegar – ou roubar, sei lá eu, pegava, roubava – peguei as coisas e montei. Pegava lá no fundo, pegava peças, separava, punha de um lado, de outro lado, quando tinha oportunidade levava para casa, embaixo da blusa, devagarzinho. Se não, ficava trabalhando até mais tarde ainda, quando escurecer bem, aí eu pegava e levava para casa. Demorou muito tempo para juntar armas.*

Consta que o gueto era cercado por arame farpado, e havia um alemão que ficava cuidando para que ninguém escapasse à noite. Apesar disso, segundo meu pai, dava para sair, era fácil. Então me ocorreu o seguinte: será que só quem fosse ousado conseguiria?

Notícias recebiam de algum não judeu que encontrassem na rua. Mas ficavam na dúvida se era verdade ou mentira.

Fazia parte do plano de fuga arregimentar um médico, o que foi feito, com a preocupação de que alguém pudesse se ferir. Então esse doutor trouxe uma espécie de estojo de pequenos socorros. Ao todo e nesse início, eram mais ou menos umas onze ou doze pessoas.

Já na floresta, primeiramente encontraram o acampamento dos irmãos Bielski, de quem já tinham notícia pelos "caboclos". Lá nessa espécie de minialdeia, na floresta Naliboki, ficou alguns meses, ou um par de meses, expressão usada por ele, ficou bem amigo de Zus, um dos irmãos, por ele chamado pelo diminutivo carinhoso Zisl. Por ter simpatizado com meu pai, insistiu com ele para permanecer porque sabia montar armas e possuía uma metralhadora enquanto o outro dispunha só de fuzis. Chegou nesse curto período a consertar muitas armas para ele e também saía para procurar comida para os refugiados. Décadas depois, se reencontraram nos Estados Unidos, para onde viajou.

A propósito, a história desses bravos homens está documentada no livro *Os irmãos Bielski*, do jornalista Peter Duffy, em que se baseia o longa-metragem de 2008 estrelado por Daniel Craig, cujo título em inglês, *Defiance*, foi traduzido para *Um ato de liberdade*.

Cheguei a assistir ao filme junto com meu pai, mas, por ter estado lá, ele considerou a representação pouco fiel. Pena que sem maiores explicações ou pormenores como sempre. Óbvio: a palavra nunca foi sua característica principal. Melhor dizendo, a representação não lhe interessava. Saía de qualquer filme dizendo que era tudo mentira e por isso não frequentava o cinema. Talvez não alcançasse apreciá-lo.

Dessa película, ficcionalizada, o que mais me chamou a atenção foi uma cena impressionante pela crueza e violência. Tomara minha memória não esteja me traindo, mas vigorava no grupo uma espécie de lei marcial. Espantoso que tenham justiçado um membro acusado ou de traição ou de ter dormido durante a guarda que devia ter feito. Só vendo o filme de novo ou lendo o livro para confirmar, mas tenho quase certeza.

Deve ser verdade porque, coincidentemente, no vídeo do meu pai, ele se recorda com pesar de ter assistido ao fuzilamento de um rapaz que devia estar vigiando e foi pego dormindo.

> – *Era um garoto. Pegaram ele dormindo. Era um vigia. O* polytruk[12] *viu ele dormindo. Chamaram ele e mataram na hora. Eu chorei tanto depois. Chorei muito. Era amigo eu, muito amigo meu, gostava muito dele. E morreu. Mataram ele. Todos assistimos.*
>
> – *Quem que matou?*
>
> – *Quem que matou? Nós mesmos. Não, não fui eu. Se mandava eu, eu matava também. Porque não podia não matar. Não me lembro quem matou. A gente não podia fazer nada. Ele chorava, chorava muito. Todo o grupo chorava e ninguém falou nada. O* polytruk *matou.*

Assim fico sabendo que nessa brigada a que ele pertencia, tal como na dos irmãos Bielski, havia um chefe, um comandante, e também um código, regras, pelo jeito bem rígidas. Da mesma forma, fica patente que a tarefa do vigia era muito séria porque a sobrevivência de todos dependia dessa espécie de tocaia, de um lado da estrada à espreita de quem pudesse estar vindo.

Seja como for, ele acaba escolhendo não integrar esse acampamento, ao contrário do seu irmão, que mais tarde da mesma

12 Comandante do grupo, em russo.

forma fugiu do gueto, se juntou ao grupo e seu nome consta no livro do jornalista.

A justificativa dada por meu pai combina muito com ele. Afinal, tratava-se de uma, por assim dizer, brigada familiar, *siemieini otria*[13], que oferecia refúgio na floresta para judeus, em sua maioria mulheres, crianças e pessoas mais velhas, que tinham logrado alcançar o acampamento. Confirmando sua descrição, a Enciclopédia do Holocausto[14] acrescenta o dado numérico de que, ao final da guerra, foram resgatados 1230 sobreviventes, dos quais mais de 70% eram mulheres, idosos e crianças.

Muito pouca ação para o gosto dele, eu diria. E ele disse: "A gente queria lutar, não só comer e ficar se escondendo".

13 Grafo essas palavras desconhecidas para mim apenas pelo som e sem saber o idioma.

14 United States Holocaust Memorial Museum. "Introduction to the Holocaust." Holocaust Encyclopedia. https://encyclopedia.ushmm.org/content/en/article/introduction-to-the-holocaust. Acessado em 28 abr. 2023.

# Capítulo V

Difícil ter uma ideia de como era sua vida na floresta. Mas é certo que entra nela munido com a sua metralhadora – *Pulemyot Degtyaryov* – montada em sua casa a partir de peças roubadas da oficina onde trabalhou para os alemães. Credita ele ao peso de 10 kg em suas costas durante a guerra ter ficado com uma das pernas menor. Quantas e quantas vezes ouvi isso! Também gostava de mostrar as marcas de três tiros que levou, todos de raspão: um na orelha, o segundo na perna e o terceiro no peito, um pouco abaixo do ombro. Também montou uma espécie menor de fuzil, para se defender, por ele mesmo apelidada de *Adrezanka* por causa do cano cortado.

Após passarem por *Lipchanka*, o primeiro encontro com os inimigos se deu ao observarem a aproximação de uma carroça com alemães que, ao vê-los, começaram a atacar. Então eles, a pé, se jogaram no chão. Meu pai, com a arma pousada em um suporte de dois apoios, começou a disparar, quase acabando com sua munição, sem saber se matou alguns ou se eles apenas se jogaram no chão. Atirou até no cavalo.

> – *Vou escolher? Atirei em tudo. Então matamos alguns, vi que estavam correndo, vi que alguns caíram: ou caíram de balas ou caíram para não acertar eles. Eu atirei forte neles, gastei dois discos. Não quis gastar mais porque não tinha muita reserva. Aí fomos mais para adiante. A vida era muito ruim, não tinha dia, não tinha noite. No inverno, a cada vez a gente tinha que dormir na neve, era muito ruim. No verão, era um pouco melhor. Mas no inverno, era inferno* [ele ri do trocadilho].

Robustecido por russos foragidos de cadeias alemãs, judeus e quem mais encontrassem, o grupo chega a umas 30 pessoas e nessa primeira formação se chamava *Arlanski Otriad* (em tradução livre seria brigada Arlanski). Os camponeses que circulavam pela floresta funcionavam como fonte de informação, espalhando tanto a notícia da existência do grupo de resistência dos irmãos Bielski quanto a desse novo.

Por mais que fossem cuidadosos ao incorporarem novos elementos, uma vez aceitaram alguém que teve um comportamento estranho e gerou desconfiança no *polytruk*. A solução foi imediata, sem julgamento.

> – *Chamaram o cara para conversar, e enquanto ele falava, levou uma bala na cabeça por trás.*

Depois souberam que pretendia levar informações para os

alemães acabarem com eles. Não era possível vacilar. Bastava qualquer desconfiança para matarem.

*– Se nós desconfiava, a gente já matava. Tinha uns dois ou três que matamos. Matamos mesmo. Não se perguntava muito. Não se podia escolher. Era rápido o negócio. Se fosse judeu, não iria fazer isso. Mas os* goyim[15]*... Mesmo um* yid[16] *matamos. Era um garoto. Era um vigia. Já contei para a senhora.*

Ficar desperto à espreita da chegada de alguém era muito importante. O vigia tinha que ficar a noite inteira acordado para avisar os outros se detectasse ao longe a chegada de alguém. Até porque uma das ações era fazer tocaia de um lado da estrada e atirar nos alemães quando se aproximassem. Eles faziam muito isso. "Matamos muitos assim."

*– Uma vez tinha um trem pequeno, não sei o que levavam, se era madeira, e tinha dois alemães, pegamos eles, eles se renderam. Andou conosco, estava nervoso demais, pediu um cigarro, 'tá bom, dei cigarro para ele, deixa ele andar. Depois nós pegamos ele, amarramos pelo pescoço* [ele faz o gesto], *passamos a corda na árvore, no galho, demos uma puxada e* [ele faz o barulho e coloca a língua para fora]. *A gente não queria gastar bala com esses diabos e também não queria que soubessem que a gente estava ali.*

Assistindo ao vídeo, me chama atenção o esforço da entre-

15 Não judeus, gentios, em iídiche.
16 Judeu, em iídiche.

vistadora para conseguir um relato mais elucidativo do que ele consegue dar. Seja pela dificuldade com o idioma, seja pela distância temporal dos acontecimentos, seja pela dificuldade de relembrá-los. Então ela pergunta como era o dia dele no inverno.

> – *A gente acordava, se lavava com neve, não tinha como lavar com água, não tinha água na floresta; comia o que tinha, tinha que comer, a gente ia buscar comida dos huter* [os "caboclos"], *que no verão semeavam, depois recolhiam, faziam pão, tinha carne de vaca,* chazer [carne de porco, em iídiche], *a gente comia porque precisava se alimentar, precisava de gordura porque era muito frio lá. Depois cantava, contava piadas, casos, pensavam o que iriam fazer quando acabasse a guerra, "se D'us quiser", falava assim ele, o russo falava se "D'us quiser", "D'us" alguns falavam.* – E meu pai ri quando menciona que os *partisans* russos usavam essa expressão, já que supostamente comunistas deveriam ser contra a religião.

Nada fica muito preciso. Sei que andavam a pé, sei que cavavam um buraco de uns três, quatro metros de largura mais ou menos, cobriam com madeira, terra, camuflavam com galhos de árvores e tinha uma escadinha para entrar. Se refere à existência de alguns, talvez três desses abrigos subterrâneos, *zemlyanka* em russo, cuja localização eles conheciam e onde podiam se refugiar.

À noite é quando trabalhavam e se locomoviam, guiados pela luz da lua (no inverno a neve branca ajudava a refletir), por uma bússola e também por um mapa, que mostrava o local de uma ponte, de um rio etc. Roupas, quer dizer, calças e sapatos usavam as tiradas dos alemães, menos os paletós para evitar serem confundidos; os chapéus eram russos. Se alguém ficasse doente, o farmacêutico do grupo pedia para um camponês amigo comprar remédio em uma cidade próxima.

Ficaram tanto tempo perambulando mais ou menos pelos mesmos lugares que chegaram a fazer amizade com os pequenos agricultores da região que lhes forneciam comida, que aparentemente nunca faltou, embora também nunca tivesse sobrado. Esse pessoal, pelo fato de venderem sua pequena produção pelos arredores, sabia de tudo, de todos os caminhos, sabia quem era bom, quem era diabo (repetindo as palavras usadas pelo meu pai), quem matava judeus, onde não podia ir. Todo mundo estava naquela redondeza. Também cozinhavam uma planta de que não se lembra o nome e tomavam como xarope. Outro expediente usado em feridas era o xixi, que – na falta de outro remédio – parece ter tido efeito curativo.

Do primeiro lugar onde estavam, diante do cerco dos alemães, precisaram fugir e escolhem Rudninkai, outra floresta, local propício para funcionar como esconderijo.

*– Nosso trabalho maior era derrubar trens. Mas também jogamos granadas e destruímos um lugar onde fabricavam creme de leite para os alemães, em Astryna. Porque, quando estávamos nessa floresta, falaram para a gente que tinha essa fábrica. Então fomos lá, jogamos granadas e destruímos tudo. O barulho da explosão acordou os alemães, e eles foram atrás da gente, jogando um tipo de lampiões para clarear Astryna e a floresta. Nós fomos obrigados*

*a fugir para Rudninkai. Mas fomos embora, fomos descansar dois dias nas nossas casinhas, nossas* zemlyankas, *e depois voltamos para trabalhar. Trabalhar, quer dizer, arrumar comida; e nós especializamos em trens.*

O nome dessas cidades e das florestas permite localizar a região onde atuavam, hoje Bielorrússia. Não por acaso, 40% de sua área consta ser ocupada por florestas, sendo uma delas, Bialowieza, reconhecida como patrimônio da Humanidade pela UNESCO[17].

– *Como era essa floresta?* – a entrevistadora pergunta.
– *Eram árvores, muitas árvores. Dezenas de quilômetros de árvores. Não tinha plantação, eram só árvores. Árvores eram nossa defesa. Porque alemão não podia atacar porque nós estávamos sempre escondidos, nós não fazia barulho. A gente deixava um vigia, uma pessoa para olhar, vamos dizer, uns duzentos, trezentos metros na frente para ver se o inimigo está chegando. Ele daria um tiro, a gente ia acordar e logo ia para a luta. Mas mais nós trabalhava em derrubar trens.*

Onde arranjavam essas bombas? Segundo a explicação do meu pai, os russos providenciavam; sabiam fazer uns tipos de bombas, acendiam uns fosforozinhos e explodia. Quando chegavam na floresta Naliboki, os *partisans* faziam festa. Ótimo, agora tinham munição para usar contra o inimigo, para ficarem de tocaia e

17 https://whc.unesco.org/en/list/33/. Acessado em 23 fev. 2024.

destruírem mais um trem. Esse era o trabalho principal. Cavavam embaixo dos trilhos de madeira e colocavam as bombas. Como sabiam quando iam chegar? Simplesmente não sabiam. Apenas ficavam de tocaia esperando os trens passarem. Com certeza passariam – pelo menos uma vez ao dia – porque tinham que levar alimentos e munições para o *front*.

O grupo de guerrilheiros chegou a ter cinquenta, sessenta pessoas – russos, judeus e até não judeus lutando juntos. Até tinham um rádio, de um rapaz editor de um jornal italiano, que escutou uma notícia sobre a evolução dos combates e ficou preocupado com Stalin: o que Stalin iria fazer sem Leningrado? – referindo-se à batalha sangrenta e duradoura, que deixou muitos mortos. Aqui ele se gaba: "Isso ele contou para mim. Não podia falar isso para os russos, mas para mim ele falou".

Ouvi diversas vezes "Nós não fugíamos, não existia isso", em que ele ressalta sua opção pela brigada combativa (*baievoi otriad*) em detrimento da familiar (*siemieni otriad*)[18]. E continuo tentando entender essa carga tão grande de energia quase instintivamente aplicada na ação. Dentre as duas possibilidades frente a um estresse, sua reação consistia muito mais em enfrentar a ameaça do que em fugir para um lugar seguro. Vai saber por que a descarga de hormônios gerada em seu organismo pendesse mais no sentido do combate direto! Talvez tivesse inata essa tendência. Mas com certeza as circunstâncias a reforçaram e a intensificaram.

18 Grafo novamente essas palavras desconhecidas para mim apenas pelo som, sem saber o idioma e se estão corretas.

Verdade que já antes da guerra, em sua juventude, aparecem pistas que delineavam traços de sua personalidade, de sua índole lutadora. Sua inclinação política era bem à direita e se expressava na simpatia por um líder revisionista, Ze'ev Jabotinsky[19], que preconizava a ida dos judeus a Israel, antes de o Estado existir, quando a região estava sob o Mandato Britânico e muito antes também, durante a guerra contra o Império Otomano.

*– Eu lembro bem que estava no Beitar[20] (Herut), partido revisionista, se nós podia, a gente ia a pé para Israel se podia. Nosso povo era muito patriótico, queriam construir Israel. Cada um procurava como sumir da Polônia, para ir para Israel. Mas não se podia ir viajar. Se podia, a gente entrava logo. Garanto eu, todo mundo ia para Israel a pé. Mesmo comer, não comer, não olhava nada, era patriotismo tão grande, não era que nem hoje patriotismo, outro patriotismo era. Hoje mesmo em Israel que eu vejo – a gente vê às vezes – não vê aquele patriotismo que éramos nós. Isso aqui era uma coisa fora de série. Polônia, Lituânia, essa é a gente que construiu Israel, eu acho.*

*– Quais eram as atividades desses pioneiros sionistas?*

19 O sionismo revisionista é uma corrente sionista idealizada por Ze'ev Jabotinsky, que visava ao restabelecimento de um Estado Judeu nas Terras de Israel.

20 Em 1925, foi fundada em Vilna a União "Betar" (Aliança Brit Yosef Trumpeldor–Joseph Trumpeldor). Em 1930, a organização tinha 400 membros. Todos os anos promovia um baile com apresentações esportivas e exercícios de escotismo e tinha também uma orquestra de sopros/filarmônica. Entre 1930 e 1939, Ze'ev Jabotinsky visitou Vilna sete vezes, se hospedando com membros do Movimento Juvenil Revisionista. https://www.yadvashem.org/vilna/interwar-period/political-organizations/zionism.html. Acessado em 12 out. 2023.

*– Trabalhavam, muita coisa que fazer não tinha. Pode ser que emigravam, pode ser que emigravam para o Brasil, para a Argentina. Mas em Israel os ingleses deram cotas para ir para Israel, deram cotas, vamos dizer deram 2% de cotas, 5% de cotas. Não se podia entrar, não chegava navios, não se podia entrar em Israel, ingleses não deixavam, eles controlava muito isso aqui. Éramos muito contra ingleses nós, eu era muito contra ingleses. Meu partido que 'tava Betar era muito contra, a gente 'tava demais contra eles.* [E ele sorri ao lembrar.]

*– O senhor era do movimento juvenil? O que o senhor fazia na sua adolescência?*

*– A gente se encontrava sempre, aos sábados, aos domingos, tinha excursões, a gente conversava, explicava, vinha às vezes alguém de Israel e contava para a gente como está Israel, como estamos lutando. A gente sempre ouvia, mas a ideia era sempre emigrar, mas não tinha emigração. Eu lembro que, antes da guerra para Israel, era o Jabotinsky, que sua lembrança seja abençoada*[21]*, se falava que ele ia fazer Legion (Jewish Legion) para a gente ir de qualquer jeito, mesmo a pé. Mas começou a guerra em 39 e já ficou em nada, ficou. Único patriota que tinha assim tão grande que nem Jabotinsky eu não vi na minha vida ainda, tão grande não nasce mais igual a esse aqui. Mesmo Begin não é igual a ele. Pode ser que ia ficar, mas igual Jabotinsky, essa é uma pessoa* echad haam[22]*, esse aqui era único no nosso povo. Era uma coisa fora de série.* [Meu pai adorava a expressão "fora de série".]

21 *Zichrono Levracha*, ele fala em hebraico.
22 *Echad haam*, em tradução livre: único no povo.

Meu pai chegou a ir até Vilna, a cidade vizinha, para assistir às palestras do cara, cuja retórica devia ser tremenda.

– *Tinha antissemitismo na sua cidade?* – a entrevistadora pergunta.

– *Tinha. A gente engolia. A gente engolia, sabe como é?*

– *Mas o que eles faziam? Que manifestação de antissemitismo o senhor presenciou?*

– *Às vezes a gente saía da escola e os rapazes jogavam pedras em cima de nós. A gente sentia coisas aqui, a gente sentia. Na escola pública só estudavam poloneses, não tinha judeus. Não se misturava. E na escola Talmud Torah só estudavam judeus. Em Vilna, não deixavam judeus entrar na faculdade. Vilna era mais ou menos a 80 km da nossa cidade. Não se podia estudar mais alto. Falavam que os judeus eram para ir para a Palestina.* Yidn [judeus em iídiche] *era para ir para Palestina. Não queriam judeus. Também era crise grande. Problemas. Era problemas e problemas.*

(Ter assistido ao vídeo diversas vezes e, mais do que isso, ter transcrito algumas falas me trouxe a alegria de trazê-lo ao meu lado de novo e mesmo de eternizá-lo para além da imagem. Mesmo que seja repetitivo, sem a menor organização, o relato confirma a memória que eu tenho dele. Outra consequência imprevista dessa escuta foi a incorporação na minha fala de expressões usadas por ele. Tomara eu consiga matar o assunto do livro.)

# Capítulo VI

*– Por que o senhor entrou para o grupo de* partisans*?* – novamente, assim como eu, a entrevistadora quer entender esse impulso para a ação.

*– Já tinha pensando nisso há muito tempo. Muito antes de entrar para o gueto, já queria fugir e ir para as florestas. Os* goyim *me falavam que tinha* partisans *aqui, perto de Dekudeva, um povoado pequeno de camponeses. Falavam que tinha* partisan *aqui,* partisan *ali, você pode se reunir com eles. Me levou muito tempo para juntar armas. Juntei armas, juntei balas, o que tinha peguei à vontade, guardei tudo. E uma noite, lá pelas nove, dez horas, se organizamos, peguei o médico Mesnik.*

*– O senhor lembra qual era a data?*

*– Não sei que data era, não pensava nada, eu queria fugir*[23].

23 Aqui se entenda fugir no sentido de fugir para lutar.

Sem ciência alguma, suponho ele tivesse um espírito aguerrido, se é que isso existe. Óbvio, reforçado pela circunstância, pelo estresse causado pela ameaça de morte real. Já li que a percepção de um perigo iminente provoca duas reações psicológicas instintivas. Antes mesmo de a pessoa ter consciência do que está acontecendo, foge ou luta. Isso por causa da carga de adrenalina no sangue.

Sua índole já tinha ficado clara quando, na passagem pelo acampamento dos irmãos Bielski, se recusou a permanecer lá, ao contrário do irmão. Ficar ao lado de famílias indefesas refugiadas? Não. "Eu queria lutar mesmo. Não queria isso de jeito nenhum."

Por coincidência, estou lendo *O sentido da vida*, de Contardo Calligaris, e o pai dele também foi militante e *partigiano*. E ele lamenta ter vindo a saber disso por uma carta encontrada nas atas da Prefeitura de Mesero, da qual, depois da guerra, o pai havia sido Prefeito. Embora soubesse de seu antifascismo, desconhecia sua participação na resistência clandestina.

A pergunta de Contardo é: qual seria a motivação pela qual seu pai teria arriscado a vida? Ainda mais que, como médico, a vida supostamente seria o valor máximo e absoluto. Mas não para esse doutor. Então como encaixar a pacata clínica cotidiana rotineira posterior com o radicalismo maníaco do tempo de guerra? Para quem se interessar, a resposta está no livro.

De qualquer forma, minha busca pelo entendimento do que movia o meu pai é diferente. Mesmo porque nada mais longe dele que uma reflexão ética ou estética. Ele queria escolher sua morte: morreria sim, mas lutando.

Seja seu ímpeto um determinismo biológico ou da circunstância ou uma soma dos dois, não pude evitar transcrever o trecho em que meu pai conta como ficou sabendo que a guerra tinha terminado. Curiosamente, ele se lembra direitinho da data: 12 de julho de 1944.

E a fisionomia dele se transforma, sorri muito ao contar como foi, mais uma vez falando na primeira pessoa do plural.

> – *Eu estava perto de uma cidadinha pequena chamada Astryna, onde nós derrubamos aquela leiteria dos alemães, que fazia creme de leite. Eu vi lá de longe a cavalaria nossa vindo, o exército russo nosso. Nós tínhamos um binóculo pequeno, uma porcaria, mas dava para quebrar o galho, ver um quilômetro de longe. Então todo mundo queria pegar o binóculo: "Quero ver soldados russos, quero ver. Eu quero ver também. Você já viu, deixa ele ver um pouco também". Alegriaa nossa de ver os soldados russos, a cavalaria russa. Que alegria! Que alegria que nós tinha lá. Vamos agora catar os alemães junto com eles. Fomos junto com eles, fomos lá, soldados mocinhos, demos comida para eles que nós tinha, e nós falamos: "donde vocês vêm? nós vem de lá, daquele lugar lá". Em russo ele falou: "estamos expulsando eles, correndo atrás deles". Vamos lá. Fomos correndo atrás deles, vamos ver onde está, eles estão por aqui, fomos lá e pegamos uma meia dúzia, uns dois três eu matei na hora porque não vou carregar eles, outros pegaram outros. Não podia matar* [aqui ele muda o tom de voz], *mas eu matei. Porque comigo não ia pegar vivo, porque meu pai também mataram, então não quero nem saber. Aí pegava vivo eles e eu batia a bala aqui atrás* [ele mostra a própria nuca], *quando eu*

*chegava perto deles eu atirava, eu tinha uma parabel deles. A arma parabel*[24] *peguei de um alemão morto, junto com o sapato. Pegava assim, engatava, puf, acabou, não precisava mais. Deixava eles e ia embora, deixava ele mais para trás, para ninguém ver lá. Caiu, caiu, não interessa.*

Aqui muda o tom de voz:

– *Fomos lá com eles. Desgraçadamente que eu vi lá, fomos lá, chegamos até Marsicantzi*[25], *perto da Prússia, e vimos lá, não sei daonde que eles vieram, um campo tinha lá, um campinho. Aqui estava mais gordo do que aqui* [ele mostra que o braço era mais gordo do que a coxa], *esqueletos estavam, não sei como sobreviveram. Tinha um que eu queria dar comida para ele, ele não comia de jeito nenhum. Falei o seguinte para ele, tirei o revólver e disse: "eu vou te matar se você não vai comer". Falar com ele é como falar com a parede. Anda para cá, anda para lá, não tem o que falar. Queria que ele comesse. Mocinhas, rapazes, todo mundo comeu direitinho.*

E ele continua:

– *Depois fomos mais para a frente com os soldados, fomos até aquela cidade Astryna, e fiquei lá, fiquei lá, esperando o que vamos fazer lá. E Astryna, quando eu fiquei lá, aí eu chego lá e vejo lá Guitale,*

24 Ele explica que pegou de um alemão morto, junto com o sapato.
25 Grafo esse nome de localidade apenas pelo som, não encontrado em mapa.

*parente minha, ela vive em Israel, se ela ver, ela vai gostar. Ela estava dormindo nessa casa com essa família. Ela faz comida para gente e eles também ajudam a gente. Era uma proteção para eles, eles eram polacos, sabe como é? Não eram grande coisa. Mas eles queriam me segurar porque sou* partisan *e, se os russos vêm, não vão mexer com eles. Aí cozinhava batata para a gente e ficava lá eu com eles lá. Por acaso eu vi essa prima, prima de segundo grau. Então* [ela disse]*: "vamos aqui na aldeia aqui perto, meu pai, minha mãe, deixamos muita coisa lá, roupas, vamos lá pegar, vamos lá se defender". Aí eu fui com ela, peguei, não peguei a metralhadora, peguei a automat, eu tinha uma automat, arma eu tinha de monte, não faltava. Então peguei a automat, as balas são pequenas, eu vou lá com ela, eu chego lá, pus nas costas, peguei a bicicleta, ela também foi comigo. "Ui, esse aqui que pegou do meu pai tudo* [ele aponta com o braço imitando o gesto da prima], *ajudiou do meu pai", falou assim, "mas a casa para quem eu dei era de outro". Mas eu vou matar esse aqui logo, que ajudiou a gente. Então tinha uma saidinha e ele foge de mim, quando ele viu ela, ele fugiu, ele conhecia ela, então ele fugiu dela. Aí eu peguei brrrr* [ele faz o gesto de uma arma na mão e o barulho do tiro] *e cortei logo aqui ele* [ele mostra na própria cintura onde foi atingido], *e ele tombou na cerca, com a barriga na cerca ele já ficou. Aí eu estava sozinho, eu com ela, podia ser que tivesse mais polacos brancos, sei lá eu, será que tem também armas e eu vou sair mal aqui, então eu peguei logo a bicicleta e fui para Astryna.*

(Tenho para mim que esse período na floresta deixou marcas profundas e influenciou seu jeito de ser por completo. E a propósito de armas e seu gosto por armas, registro que ele tinha uma com cabo de madrepérola na sua gaveta da mesinha de cabeceira. Nunca mexi nela e sequer sei se estava carregada ou não.)

# Capítulo VII

*– Você não pode imaginar o que foi, menina! Você não pode imaginar o que a guerra fez.*

Alguns anos atrás, no meio de uma análise que eu estava fazendo, uma noite fui especialmente na casa do meu pai, munida de lápis e papel para tentar registrar essa parte da vida dele da qual eu tinha pouquíssimo conhecimento. Ele nunca falava do passado, e eu acreditava ser de propósito. Talvez fosse um assunto tabu, dolorido, e seria melhor enterrar esse morto, no mínimo para que não continuasse a matá-lo. Ou queria poupar as filhas. Será que minha memória falha?

Curioso que no vídeo ele fala o contrário. Quando a entrevistadora pergunta, quase no final:

*– Seu Isaac, a guerra, todo esse sofrimento de guerra, tudo o que o senhor viu, tudo o que senhor passou, isso fez com que o senhor desse uma educação diferente para suas filhas?*

*– Eu tô contando, estou contando para as crianças que eu sofri muito: da minha casa contei.*

Sabendo que ele pouquíssimo mencionava o que aconteceu durante a guerra, só posso entender essa nova versão como querendo apresentar uma imagem melhor dele ou talvez ele acreditasse que contou mesmo. Também a pergunta possa ter forçado tal resposta. De qualquer forma, me agrada a contradição porque o torna deliciosamente humano.

De minha parte, fora o relato da fuga e da distribuição dos pães, nada mais sabia da casa dele. E da guerra, ele só mencionava que tinha uma perna mais curta do que a outra porque carregou a metralhadora pesada e falava dos tiros que tomou.

Uma parte da história contada diretamente para mim – quando me sentei diante dele na mesa da copa para ouvir e anotar – foi um alívio. Sei lá se para ele, mas pelo menos para mim. Difícil me conformar que ele tivesse fugido do gueto sem ter respondido aos chamados do pai. Esse silêncio proposital me parecia uma separação muito dolorida, uma ferida difícil de cicatrizar. Ainda mais que foi a última vez que os viu. Mas ele me disse que, depois de alguns meses, mandou uma pessoa resgatar o restante da família.

*– Mandei um* goy[26] *voltar para minha cidade e trazer meus pais. Mandei ele falar para eles se vestirem e fugirem. Meu pai não quis, minha mãe estava doente e não podia andar. Encontrei esse* goy *em*

26 Não judeu em iídiche.

*uma aldeia e enrolei ele, disse que depois da guerra daria dinheiro que eu tinha escondido. Mas eu não tinha dinheiro nenhum. Eu não podia voltar, não podia aparecer na cidade. Iam saber que eu era* partisan, *e eu não queria correr o risco. Por isso precisava mandar outra pessoa.*

Continuando a epopeia do meu herói de cinema, melhor dizendo, de vídeo, ele estava na tal cidade de Astryna, no fim da guerra, ainda sem saber o que fazer e para onde ir quando soube que seu irmão estava vivo.

*– Fui embora ver meu irmão. Me falaram que meu irmão vive lá, estava em Vilna, aí eu cheguei lá, eu vi ele lá, trabalhando em uma cadeia, e 'tava sangrando ele, porque trabalhava demais, saía do nariz sangue. Falei: "meu irmão, Michel, o que você vai fazer aqui, vambora!". Eu estranhei muito, na cadeia lá não queriam me deixar entrar. Falei que sou irmão do Michel. "Ah, do Michel, Michel Manski, não, é Misza Manski"*[27]. *Muito bem, entrei lá dentro, vi lá, estava escrito o seguinte: NKVD, você não sabe quando vai voltar para casa. E quem escreveu foram os poloneses de raiva. Mas quem sabe russo entende que as iniciais são de Narodny Komissariat Vnutrennikh Del*[28] [que se traduz para Comissariado do Povo de Assuntos Internos][29]. *Aí eu peguei ele, Michel, lá e falei:*

27 Aqui meu pai fala do irmão como Michel, que é como era chamado no Brasil. Estranhamente, foi registrado como Manski Misza, o sobrenome antecedendo o nome.

28 Polícia secreta soviética, precursora da KGB. https://www.britannica.com/topic/NKVD. Acessado em 9 ago. 2024.

29 A explicação para isso é a seguinte: os prisioneiros eram poloneses contra o

*"vamos embora daqui porque aqui você vai morrer". Aí peguei, levantamos os pés, e tirei minha roupa que estava lá, de soldado, joguei em cima lá, peguei uma roupa que tinha lá, meia bagunçada, vesti, e eu fui embora logo com ele. Fomos até Lublin, a cidade de Lublin, na Polônia. Lá tinha mais judeus, falaram para nós, porque de Lublin chegaram a chamar gente de Vilna, falaram que 'tamos se organizando para ir para Israel. Não temos nada que fazer aqui nessa terra onde perdemos os pais, lógico. Então fomos até Lublin eu e mais amigos meu, Iochke, amigo meu, fomos até Lublin. Lá em Lublin ficamos alguns meses, lá tinha polacos que começaram a ameaçar judeus, começaram a matar judeus. Um pouco só, não muito. A primeira coisa eu fui ver Majdanek*[30]*. Estava inverno, eu fui ver lá, um armazém grande, gigante de sapatos, dois armazéns de roupas, um armazém não sei de quê lá. Ossos tinha. Que tipo de ossos tinha? Ossos queimados. O que eles faziam com ossos? Majdanek, esse era no fundo do Lublin, mais ou menos uns sete, oito quilômetros. Tinha neve, neve alto. Andamos, cheguei cansado a pé. O que eu vi lá em Lublin! Vi a cerca de arame eletrificado. Vi aqueles fornos lá, fornos que tinha aqueles, onde levava gente, para entrar no forno lá e serem queimados. Carrinhos vamos dizer. Vi tudo lá, jogado no chão tinha muita coisa. Foi no fim do ano de 44. Foi dezembro de 44 mais ou menos. Foi em 1944, vimos lá aquela desgraça: Majdanek. Cheguei de lá quebrado. Não chorei*

governo, *hooligans* (segundo o meu pai), gente contra o exército russo e por isso usaram as iniciais para deixar seu protesto por escrito.

30 Majdanek é um campo de concentração para onde foram levados e mortos todos meus avós e a irmã caçula do meu pai (ainda criança), junto com todos os judeus de Lida (a cidade do meu pai) que tinham sobrado no gueto.

*porque estava temperado, já estava da guerra, porque vi muita gente morrendo, não dava mais para chorar. Voltei para Lublin e falei lá para os amigos, meus amigos: aqui não é lugar para nós ficar, essa terra desgraçada.*

(Mesmo tendo informações e tendo visto filmes sobre a existência desses campos, difícil não me impressionar e me emocionar com o relato dessa experiência em primeira pessoa, particularmente quando essa pessoa é meu pai. Ainda mais que no meio daqueles ossos estariam os dos meus avós com a filha pequena. Não, graças a D'us eu não estou "temperada" pela guerra, repetindo a expressão do meu pai.)

## Capítulo VIII

*– Então de Lublin nós fomos para baixo, fomos até a Tchecoslováquia, cidade de Uman. Tinha um rapaz que levava a gente para esse caminho. Cidade judia, Uman*[31]*. Tinha em Lublin um rapaz que fazia papeizinhos, documentos assim, escrito* [ele faz o gesto de escrever] *somos da... da... daonde ele falou que a gente era? Deixa eu lembrar...*

Para e pensa um pouco.

*– Não sei o papelzinho que deu para nós... 'Tamos vindo do campo de concentração, 'tamos indo para casa, 'tamos indo para casa.*

Depois de um breve silêncio, ele se lembra do que dizia o papelzinho.

31 Hoje pertencente à Ucrânia.

*– Da Grécia, da Grécia. Éramos gregos. Quando chegavam para nóis, falavam os poloneses, a gente respondia "grego", "grego".*

A entrevistadora interrompe e pergunta:

*– Com quem o senhor estava?*
*– Estava com meu irmão e mais alguns amigos, tinha muita gente. Em grupo íamos nós, íamos em grupo.*
*– Alguém ajudou vocês, alguma organização judaica?*
*– Organização judaica? Tinha lá, não sei como que foi lá. Tinha um grande patriota, deve ser nosso, gente inteligente, porque nós somos, nós era meio caipira, nós era, nunca fomos embora para lugar nenhum, esse aqui estava mais esclarecido. 'Tava, sabia mais, aí nóis indicava como que tinha que fazer. Então fomos até a Tchecoslováquia, até Uman.*
*– Quem era essa pessoa que orientava vocês?*
*– Tinha lá, não me lembro mais.*
*– Do grupo de vocês?*
*– Não, nóis achamo eles lá. Achamos, falava onde ir lá. De lá fomos para a Romênia, fomos.*

Na Romênia, especificamente em Alba Iulia, durante um desfile comemorando a vitória, seu irmão conheceu aquela que viria a ser sua esposa e, apaixonado, quis se casar com ela imediatamente. Conta meu primo que meu pai foi contra. Então foram embora, mas ao chegarem na fronteira meu tio quis voltar e contrair matrimônio com sua eleita, com ou sem a autorização do irmão mais velho. Assim retornaram, e a união aconteceu dois meses depois do fim da guerra no *front* oriental, ou seja, antes da data conhecida como seu término.

Nada é muito preciso, mas parece que a ideia inicial era irem para Israel a pé, passando pela Turquia. Já havia grupos se organizando para irem até a Terra Prometida. Lembrando que o território estava sob Mandato Britânico e o Estado de Israel ainda não existia. Mas houve uma mudança nos planos porque os ingleses estavam proibindo essa imigração, redirecionando-os para Chipre.

Meu pai não soube precisar o roteiro pelo qual chegou até a Itália, local onde souberam haver chance para os judeus. Se bem que se lembra de ter atravessado os Alpes. Diz que andavam tudo a pé, de trem ou o que fosse. Sempre seguiam adiante. Comida, pediam para camponeses no caminho. Conforme as minhas anotações, naquela noite em que eu, digamos assim, o entrevistei, ele enumerou os países que atravessou. Provavelmente não na ordem cronológica. As cidades eram lembradas por episódios que nelas aconteceram. Salzburg é o local onde recebeu um documento chamado Índex, do governo alemão ou do exército de ocupação americano. Embora a memória falha o tenha impedido de afirmar com certeza quem emitiu o papel, tem plena certeza de que nele constava a informação falsa de que esteve em campo de concentração, uma mentira deliberada que supôs pudesse lhe beneficiar. Mas, desde o início dessa peregrinação, disse que passou por Polônia, Tchecoslováquia, Romênia, Alemanha e Áustria.

– Indo para a Itália, não sei para onde fomos, que cidade fomos lá... Trieste, Udine, Padova, Bolzano, Piacenza, Vicenza, cidades de que eu me lembro mais ou menos. E fomo lá até Modena. Falaram para a gente que em Modena tem um campo:

caserna militar em Modena. Cidade bonita, Modena. Então fomos caserna militar em Modena e já tinha UNRRA[32], já, dava comida para nóis, tinha campo lá.

> – *O que vocês faziam lá? Como era organizado esse campo?*
>
> – *UNRRA dava comida, não sei. Tinha gente, judeus também tinha lá, eles trabalhavam, não sei se era Joint*[33], *UNRRA era, dava para a gente um papelzinho, Índex davam, marcava o nome* [faz um gesto de que escreviam] *nosso, acho que fizeram também cópia, fizeram, e tinha comida lá. Na Itália, chegamos lá, chegamos em casa, quer dizer, Ocidente, né? Não era mais russos, não se via russos lá. Porque na Romênia tinha russos lá; e nós tinha medo quando falavam russo com a gente, eu entendo tudo, mas não falo nada, somos gregos, grego, grego. "Concentración", falávamo assim. Então uma vez fomos lá russos nos olharam, tinha uma menina, falaram palavras feias em russo, e a menina riu e nós também rimos. E eles falaram* [aqui ele repete a fala deles em russo, depois fala em iídiche e depois em português]: *"Puxa vida, eles entendem russo e não querem falar". Cada coisa que a gente viveu, meu D'us*

32 A UNRRA (United Nations Relief and Rehabilitation Administration, ou Administração das Nações Unidas para Assistência e Reabilitação em português) foi criada em novembro de 1943 com o objetivo de suprir as necessidades básicas – abrigo, roupa e alimentação – de ex-prisioneiros de guerra e refugiados. Fonte: https://encyclopedia.ushmm.org/content/pt-br/film/unrra-conference-convenes-in-the-united-states#:~:text=A%20Administra%C3%A7%C3%A3o%20DAS%20NA%C3%A7%C3%B5es%20Unidas,cometidas%20pelos%20pa%C3%ADSES%20do%20Eixo. Acessado em 4 ago. 2024.

33 American Jewish Joint Distribution Committee é uma organização fundada em 1914 para ajudar os judeus de todo o mundo, em cumprimento ao compromisso contido na ideia de que todos os judeus são responsáveis uns pelos outros.

*do céu. Mas era gente boa, mas a gente não queria mais nada com nada, sabe? E fomos embora, fomos. Isso ainda foi na Romênia. Na Itália já tinha comida. Tinha gente que estava em Cremona, campo de Cremona. Modena também, cidade italiana.*

Ouvi do meu pai que, ao chegar na Itália, ficou mais "gente", querendo dizer com isso que recebeu cuidados e alimentação da UNRRA.

Depois de alguns meses de estadia, percebendo que não tinha o que fazer para melhorar a situação, dirige-se a Trieste em busca de algum meio para ganhar dinheiro. O casal fica no campo de refugiados enquanto o irmão mais velho tenta se organizar. Interessante como ele enumera de cor uma lista de cidades que nada mais deviam ser do que paradas de uma linha ferroviária. São elas a rota onde fazia operações de câmbio: Trieste, Liubliana, Zagreb, Belgrado, Becej, Kikinda, Timisoara, Arad e Bucareste. No mapa, identifiquei todas. Ser enxotado dos trens por não pagar a passagem era um problema facilmente contornado tomando o próximo. Para dormir, as estações. Ou mesmo, os trens. O plano era trocar xelins austríacos por dólares americanos, muito mais valorizados, que na volta compraria muito mais xelins e assim sucessivamente.

Pena que naquela quarta que ficou sendo a última viagem, *partisans* iugoslavos tenham prendido esse homem sem documentos, suspeito por carregar tanto dinheiro. Apesar do confisco do lucro acumulado, o impulso para a ação permanece intacto em seu poder, explicando em parte sua curta permanência na prisão – três ou quatro dias no máximo. Só não dá conta de explicar como conseguiu pular o muro de mais ou menos 4 metros. Até ele não entende como realizou essa façanha. “Eu não sei como subi, subi, atravessei, caí, machuquei a perna.”

Eu e a minha irmã caçula gostávamos de repetir, imitando seu sotaque, as palavras com que ele contou esse episódio: “Prisão non bom. Non ‘tava bom. Non, non ‘tava. Enton fugi.”

(Gosto muito desse episódio porque deixa patente sua impressionante energia para a ação. Sempre seguindo adiante, nada de olhar para trás).

# Capítulo IX

O campo de refugiados passa a ser o local escolhido como uma espécie de base de apoio para suas incursões aventureiras em busca de dinheiro. Comerciante nato ou movido pela circunstância, comprar aqui e vender ali apareceu como saída. Os pontos fixos de referência para os intervalos eram os campos de Santa Cesarea – onde o irmão tinha permanecido com a esposa, bem ao sul da bota, na junção entre o mar Jônico e o Adriático, de cujas pedras saía água fosforosa[34] (*sic*) – e o de Modena. Com pequena quantidade de dinheiro, compra óleo no sul da Itália para revender em Roma ou em Óstia, sempre tentando apurar alguns trocados.

A próxima atividade bastante similar será a compra na Áustria de papel fino de cigarro, *cartine*, para revender na Itália. Em uma

34 Parece que não era bem assim. As junções das correntes dos dois mares é que se mostrava bem clara.

das rotas comerciais, entre Viena e Graz, de onde continuaria rumando sul, uma lembrança vem à tona. Um rapaz de nome Melech, que estava junto com ele, quebrou a perna. Sem outra alternativa, continua a jornada com o companheiro nas costas. Aqui no Brasil chegou a se encontrar com o irmão do parceiro e foi com grande orgulho que se apresentou como a pessoa que pôde prestar ao outro o favor de salvá-lo. E o amigo? Também chegou a revê-lo, mas nas correrias da vida acabaram perdendo o contato e sequer sabe se está vivo.

A vida de mascate deve ter durado pelo menos um ano, até chegar aos campos a boa notícia de que haveria facilidades para quem quisesse emigrar, ir embora. Além de os italianos quererem se ver livres daquela gente, segundo meu pai, outro fator decisivo foi a atuação do Joint, de quem meu pai recebeu passagens para o Brasil. Fillipo Panama, segundo ele, era o nome do navio que sairia de Genova e aportaria em Santos, no suposto dia de seu nascimento. Mas parece que o nome do navio era Philippa. Curiosamente, é o mesmo navio em que veio para o Brasil o menino Vladimir Herzog e seus pais.

*– Como foi a chegada ao Brasil?*

*– Quando cheguei aqui no Brasil, eu vi que tinha gente escura carregando sacos na cabeça. Porto, eu vi lá. Pensei, essa terra vai ser boa para mim, gente que ainda carrega saco de 50 kg na cabeça. Aí eu fui lá, nos acolheram lá, do Joint, acolheram nóis, um sujeito disse que tinha um irmão aqui em São Paulo. Um tinha um irmão aqui, um tinha um tio lá... Então também eu vou para São Paulo.*

*– O senhor não tinha ninguém em São Paulo?*

*– Non. Num tinha ninguém. Aconteceu o seguinte: em São Paulo nos botaram em um hotel, Progresso, não sei que hotel que tem lá, na rua José Paulino* (na verdade na Florêncio de Abreu), *fiquei lá uns dias, fiquei lá. Nesse hotel veio gente, Glezer lá, que já morreu, veio outros lá, aí me convidaram, comecei a falar com eles lá. Acho que uma vez jantei domingo no Glezer lá, almocei ou jantei, não lembro mais, e fiquei lá e perguntei que tem alguém de Lida lá. Motke era, Mordechai chamava ele, era de Lida, conhecia a gente, meus pais também, você vai dormir aqui comigo, que tem uma cama aqui, nesse quartinho aqui, você vai dormir comigo aqui.*

*– Então o senhor acabou encontrando alguém da sua cidade natal?*

*– Acabei encontrando. E ele me ajudou um pouco. Ele com pai dele fazia capas, capas Gumtex, ele fazia capas, e lá fiquei com ele lá. Depois comecei a trabalhar numa fábrica de parafusos. Não posso ficar; tenho que trabalhar; ganhar dinheiro, não vou ficar comendo dele lá. Jantar não precisava jantar; de manhã cedo tomava no bar um pãozinho com café e almoço pegava uma banana com pão e não precisava comer mais. À noite jantava com ele, fazia uma comida, uma sopinha fazia ele, ele era com pai dele. Esse foi aqui em São Paulo, foi aqui. Depois eu saí de lá, eu conheci ela lá (faz um gesto com a cabeça na direção da minha mãe, que devia estar sentada assistindo à gravação) e fiquei morando numa casinha lá do pai dela, na rua Conselheiro Ramalho. Aí comecei a fazer; fabricar sozinho uns fervedores, fiz uma oficina pequena para mim. Ganhava, vendia na cidade, na praça da Sé, tinha um ponto e vendia, era bem, ganhava uns dez salários-mínimos por mês, mais ou menos, juntava dinheiro. Depois fiz uma fabriquinha de*

*chuveiros, ferros elétricos. Depois, no futuro, cheguei fabricar 80 mil ferros por mês, imagina, com essa fabriquinha. Depois vendi a fabriquinha, em resumo, como estou contando para a senhora. Vendi, fiz uma fábrica maior, de baquelite, estou contando mais ou menos rápido para a senhora, depois fiz uma fábrica de formol, uma petroquímica, de formol, depois fiz uma outra fábrica de formol, maior do que essa aqui, mais moderna e agora estou fazendo uma fábrica mais moderna ainda de formol, tudo em Cumbica lá. E essa é a minha vida mais ou menos. Pulei, não contei muita coisa porque se contar precisa dias e dias contar.*

Cheguei, quando criança, a conhecer o filho do dono da primeira fábrica onde trabalhou e também o amigo conterrâneo com quem morou quando saiu do hotel providenciado pelo tal Joint. Predinho baixo sem elevador na rua Newton Prado.

Detestava visitar esse conterrâneo porque a casa cheirava mal. Não bastasse o pai do indivíduo estar acamado (hoje pensando talvez fosse diabetes), o cara dava comida para pombos no peitoril da janela do apartamento, criando aquele arrulho de fundo e o cheiro de pouca higiene dessa ave contaminando a casa. Até hoje tenho horror de pombos, o que acabou generalizado para pássaros em geral.

Além do mais, era no Bom Retiro, bairro que na época concentrou moradia de imigrantes judeus provavelmente por causa da proximidade da estação ferroviária e onde se instalaram as inúmeras confecções que vieram a ter. Era comum trabalharem nesse ramo, curiosamente chamado por eles de *schmates*, cuja tradução seria trapos. Por que será que usavam essa expressão? Será que eles mesmos desvalorizavam o próprio ganha-pão, usando um pejorativo, ou era uma espécie de humor judaico, de rir de si mesmo? Fato é que nunca entendi essa denominação.

E porque tudo isso era produto da minha imaginação (essa era a minha perspectiva infantil), eu me deleitava quando podia responder que meu pai não trabalhava no Bom Retiro, não tinha fábrica de roupas, e sim fabricava ferros elétricos e mais tarde outras coisas. Mais do que isso, eu também não morava nesse bairro. Muito embora morar na Bela Vista não fosse muito melhor. Mas para mim, era. Pelo menos era diferente.

Além dessas visitas à casa no Bom Retiro, a ida à casa do avô, com quem tive contato mínimo, em nada se diferenciava: a "madrasta" falava alto, viciando o ambiente, e a conversa era em iídiche, e eu nada entendia.

Aos fins de semana, eram costumeiros os jogos de buraco na casa de um tio da minha mãe. E também as parceiradas em casa com um casal de vizinhos mais velhos e à noite. Nada muito divertido para crianças. Ou então eu era uma chata e não conseguia me divertir.

O minúsculo círculo social a que fui exposta na primeira infância era composto de estrangeiros, todos classificados como gringos, palavra que para mim incorporou conotação negativa, associada com determinada turma que foi privada da oportunidade de estudar, resultando desprovidos de educação e de erudição. Diante da amostragem a que fui sujeita, criou-se em mim certo preconceito.

Havia uma exceção: uma casa cheirando a limpeza, cujo chão brilhava, os moradores tiravam o sapato para entrar, e o chá era servido em copos de vidro dentro de suportes prateados, acompanhado por chocolate amargo em forma de língua de gato.

Resultou dessa primeira exposição ao mundo que eu percebesse as pessoas como sendo de dois grupos diferentes: os gringos, onde estaria incluído meu pai, e aqueles que falavam bem português e tinham algum estudo. E eu, onde estaria?

Meu pai e meu tio responderiam: "*bald zein, bald zein*", expressão muito usada por eles que quer dizer: vamos ver, vamos ver.

(O resultado é que eu fiquei entre esses dois mundos, tentando me equilibrar. Talvez a escrita seja a forma que eu encontrei de conciliar os dois.)

## Capítulo X

Um dia, pelo Facebook, recebi uma mensagem de uma pessoa que eu não conhecia perguntando se eu era filha do meu pai. Respondi que sim, e ele me encaminhou o seguinte texto.

**Um presente para os Manski**

Ano de 1947, estou sentado no degrau da escada externa que dá acesso à minha casa. Revestido de cerâmica vermelha, meu lugar favorito onde sentamos, meu amigo e eu, para longos papos a respeito do Zorro, futebol, a menina mais bonita da vila.

E de repente se aproxima de mim um senhor que para mim parece alto, moreno, olhos brilhantes, voz metálica, com evidente dificuldade para se expressar em português.

– Menina, Bluma está?

Desconfiado, olho para aquele cidadão com certa raiva. Menina, eu? E sem medir consequências, respondo:

– E quem é o senhor?

– Eu Manski, Itschak!

Não respondo nada, abro a porta, deixo o cidadão plantado lá fora, vou à procura de mamãe. Duas horas da tarde, hora de estender roupa no varal, sol a pino.

– Mãe, Manski quer falar com você – digo eu, num só folego, e nem percebo o tremor que percorre o corpo de mamãe, nem que o sangue sumiu de seu rosto sempre corado.

– Quem?

– Manski, mãe. O outro nome não entendi.

Mamãe deixa tudo que está fazendo e instintivamente corre para a porta de entrada, que logo se escancara. E lá estão os dois, frente a frente, sem palavras, como se fantasmas fossem de um mundo que não mais existisse.

– Itschak!

– Bluma!

A cena seria cinematográfica, não fosse o momento mágico em que dois personagens passam a se abraçar e chorar, sem que o diretor diga: "corta!". E fico eu, um menino de quase dez anos, a ruminar sobre o que está acontecendo. Aos poucos mamãe e Itschak se acalmam, e mamãe toma a iniciativa:

– Entre, entre, vamos entrar, por favor!

E continuam mudos, apenas se mirando, agora sentados no sofá, eu numa cadeira assistindo à cena, sem qualquer reação. E durante horas eles conversam, e foi tarde e já foi quase noite, papai chega, mamãe fala: Manski, papai o abraça, continuam a conversar numa língua quase estranha para mim: o iídiche.

Só anos depois, eu já adulto, é que vim a conhecer a verdadeira história do que aconteceu naquele dia. Segue:

– Senta, senta, Itshik. Quer água? *Ribono Shel Olam*[35], como você apareceu aqui em São Paulo? Moshe está com você? Onde vocês

35 Em tradução livre: Soberano do Universo.

estão? Como me encontrou?

E novamente vejo lágrimas no rosto de mamãe.

– Diga, diga, quem ainda vive? O que aconteceu lá? Como vocês se salvaram? – e a enxurrada de palavras, perguntas, exclamações não terminam. – Espere, vou buscar chá, algumas bolachas, povidle[36], mas aqui no Brasil é de banana. Você já conhece banana, certo?

E lá vai mamãe para a cozinha, traz dois copos de vidro – que chá se toma em copos de vidro –, chá fervendo para esquentar as mãos e queimar a língua. Agora na mesinha de nossa sala, bolachas de maisena e o celebre "povidle", aquela maçaroca de banana amassada que, com muito açúcar e horas e horas de cozimento em fogo brando, a mim faz a delícia do lanche passado em pão preto e um copo de leite gelado. Mais calmo, agora é a vez de Itshik.

– Bluma, depois que você partiu de Lida (1930), nós, garotos do Beitar, continuamos a nos reunir, jogando bola, cantando canções de Israel, ouvindo as histórias sobre Jabotinsky e Trumpeldor, 'inda mais que Beitar é uma homenagem do Herut para ele. E assim seguimos até que a maldita guerra chegou a nossa cidade. Os Tchertok já tinham escapado, alguns dos Pupkos tinham saído para Eretz Israel, e, por mais que houvesse antissemitas na nossa cidade, ninguém pensou que aconteceria o que aconteceu. Moshe e eu conseguimos escapar, fomos para lutar com os *partisans*, depois da guerra voltamos para nossa cidade, os comunistas já estavam no poder, dividiram as casas dos judeus entre os poloneses, algum judeu mais ousado, gritando que a casa era dele, foi morto, sem qualquer defesa, pelos poloneses que continuavam a odiar judeus. Soubemos da morte de nossos parentes no campo de concentração e percebemos que nossa pátria não era mais a Polônia. Estávamos cansados daquela vida

36 Espécie de geleia de ameixa, receita de origem europeia, tradicionalmente feito sem adoçante, cozido durante horas, a fim de alcançar a necessária firmeza.

dos acampamentos dos *partisans*, atentos vinte e quatro horas contra os nazistas e mesmo contra outros grupos de *partisans* poloneses que estavam, eles também, dispostos a matar judeus. Ir para Eretz[37], logo depois da guerra, era quase impossível, e então rodamos pela Europa até conseguir ajuda do Joint para sair daquela maldita Europa e vir para o Brasil. Aqui em São Paulo, vindo para o Bom Retiro, tratei logo de me informar se havia algum grupo do Herut e assim acabei conhecendo ao Mechele Zaltzmann, o Misha Rapopport, o David Davidson. Perguntando se havia alguns judeus de Lida por aqui, logo me contaram que os Sahm estavam em São Paulo – Luzer, Isaac, Arão, Regina e Bluma, além da irmãzinha mais moça, Shifra. E assim, prometi a mim mesmo que, logo que pudesse, iria procurar a Bluma, pois afinal você foi a minha *madrichah*[38], lembra disso?

Como disse, só anos depois tive conhecimento dos termos dessa conversa, contada por minha mãe, numa daquelas noites em que, não tendo o que fazer, sentávamo-nos à beira da mesa, sem celulares, sem laptops, nem televisões para atrapalhar essa troca de informações do passado.

Aqui cabe uma informação sobre um local específico no Bom Retiro, muito próximo da estação da Luz, no encontro entre as ruas Correia de Melo, da Graça e Ribeiro de Lima, chamado *Pletzale*. *Pletzale* em iídiche quer dizer pracinha. Lá, é muito provável que os imigrantes judeus recém-chegados se encontrassem para conseguir notícias sobre parentes ou mesmo pessoas da mesma cidade. Acredito ter sido por esse meio que meu pai recebeu a informação de que essa sua conterrânea estava em São Paulo e o endereço dela.

37 Referência a Israel que significa “terra”: Eretz Israel.

38 Monitora.

(Apesar de hoje parecer um espaço mínimo de calçada, há que considerar que a cidade tinha muito menos movimento nessa época. Porém, continuou a ser frequentado pela comunidade pelo menos até a década de 1980 porque me lembro desse programa dominical do meu pai. Óbvio que os assuntos foram ampliados, incluindo, além de troca de notícias, realização de negócios e conversas em geral. Nesse ponto, no ano de 2020 foi colocada uma placa pelo Departamento do Patrimônio Histórico da Prefeitura de São Paulo, dentro do projeto Inventário Memória Paulistana, que identifica lugares de referência para diversas comunidades da cidade, para que a lembrança permaneça e a história tenha um marco concreto.)

# Capítulo XI

Pela minha perspectiva, meu pai foi a mola propulsora na sociedade entre os dois irmãos. Salvo juízo do meu primo que deve achar o contrário. Não só a milícia em que se engaja durante a guerra é mais ativa no que diz respeito a emboscadas como também, depois da guerra, seu trabalho de mascate e aventureiro destoa do estilo menos arrojado do caçula, que permanece no campo de refugiados e forma vínculo duradouro com uma mulher. Meu pai, ao contrário, não tinha nada que o segurasse durante a guerra – e depois também não. Apenas o irmão seria sempre seu endereço fixo, único parente próximo vivo.

"Mormon"[39], assim a gente ouvia. Sócios quase a vida toda, natural que nunca mais se separassem: vínculo fortíssimo que acabaria gerando ciúme na minha mãe, beirando o destrutivo. Mas isso será bem mais adiante.

39 Significa "meu irmão", falado com sotaque.

Meu tio e esposa foram chamados para vir ao Brasil quando a situação por aqui já estava mais ou menos estabelecida. Habilidosa, ela passa a ajudar na confecção de uma toalha de feltro, onde faziam furos e ela costurava umas flores também de feltro para enfeitar. Se eram vendidos na praça da Sé ou de porta em porta, como era comum entre os judeus recém-imigrados, não sei. Mas com certeza me lembro de uma dessas toalhas sobre a mesa da sala de jantar. Feinha por sinal, um toque horrível.

Embora desconheça a data exata em que meus pais se conheceram, é certo que foi em um baile em um clube judaico. Também sei que foi antes de o irmão mais novo vir para cá porque minha mãe contou que ele, recém-chegado, a criticou por usar calça comprida. Será que ele sabia que ela fumava na época?

O relacionamento do casal logo fica sério, a julgar pelo fato de o jovem imigrante ter passado a morar em um quarto alugado em uma casa do meu avô, na rua Conselheiro Ramalho, onde montou sua oficina. Seria uma casa de cômodos, como se chamava na época? Imagino que sim.

Nesse ponto resolvi buscar informações com meu primo-irmão. Queria confirmar a data em que o pai dele chegou ao Brasil e se tinha ido ao casamento da minha mãe. Chocante como ele sabe muito mais do que eu. Detalhes, documentos, até fotos ele tem. A explicação é simples: como é um menino, foi criado como sucessor e participava bastante das conversas dos negócios. Segundo ele, era como se tivesse dois pais. Do lado de cá, éramos quatro meninas e, portanto, na mentalidade masculina reinante, afastadas do que seria "o mundo fora de casa".

– Queria perguntar sobre meu pai e o seu, para completar umas lacunas aqui. Queria saber se você sabe se seu pai foi ao casamento da minha mãe e se os dois irmãos já eram sócios no início da Ferros Bastos.

– Que ano seus pais se casaram? Meu pai chegou aqui em abril de 48. Só não foi ao casamento se ainda não tinha chegado. Infelizmente foram sócios quase a vida toda. Antes da Ferros Bastos, que eu acho que compraram mais tarde, tiveram uma fábrica de guarda-chuvas. Dizia meu pai que era uma boa linha de montagem, mas houve uma época de estiagem e tiveram de vender por falta de capital de giro. A empresa de ferros era Elektrit ou algo parecido[40]. Acho que, quando mudaram para São Caetano do Sul, a de panelas chamava-se Imperial. Eu achei na junta comercial uma empresa ainda aberta em 1947, só no nome dele, obviamente. Não deve ter vingado e ele deve ter esquecido, ou não quis gastar dinheiro para fechar.

– Sabe se meu pai teve banca na praça da Sé? No videodepoimento para a Fundação Shoah, ele fala isso.

– Banca não sei, mas vendiam as espiriteiras que a minha mãe e o Abdom, acho que esse era o nome do primeiro ajudante deles, faziam para vender na praça ou arredores.

– Espiriteira ou fervedores, daqueles com resistência, uma espécie de chaleira elétrica rudimentar?

40 Faz sentido que esse nome tenha sido escolhido porque, segundo o Facebook, a Elektrit Radiotechnical Society foi a maior empresa privada de Vilna e a segunda maior da Polônia. https://m.facebook.com/profile.php?id=104067136295859. Acessado em 6 set. 2024.

*– Fervedor é o mais correto. Ela trouxe também uma máquina de costura comprada na Itália.*

*– Que legal! Eram novidade. Seu pai gostava muito de novidades.*

*– O gabinete meu pai comprou aqui.*

*– Então compraram a Ferros Bastos já montada?*

*– Sim, para mim por volta de 56/57 não sei bem, só lembro que meu pai me ligou muito contente para dar a notícia.*

Achei incrível ele se lembrar de fatos de quando tinha 4/5 anos: que ótima memória!

*– Era na Major Diogo?*

*– Na Major, primeiro em duas lojas de esquina, a fábrica e o escritório. Mais tarde, eles ficaram com o galpão da fábrica de doces Bela Vista, até mudar para São Caetano do Sul. Mudaram para São Caetano do Sul por volta dos anos 60. Lá a sociedade aumentou.*

*– Onde seu pai morou quando chegou? E quando compraram as duas casas na Treze de Maio?*

*– Que eu saiba, seu pai alugou quarto com seu avô. Meu pai e minha mãe moravam num cortiço da Dona Nazaré que ficava numa travessa da Rui Barbosa chamada travessa dos Arquitetos. Eu visitava com minha mãe durante alguns anos, acho que até ela (dona Nazaré) morrer. Que eu saiba, quando eu nasci, moramos num predinho na rua Rui Barbosa, 598 e mudamos para a Treze de Maio quando eu tinha mais ou menos um ano.*

*– Fabricaram ferros e panelas na Bela Vista até se transferirem para São Caetano do Sul? E depois, em Santo Amaro, fabricavam*

*baquelite, condutores elétricos, polopas, melamina, silentoque, tampas de vidrinhos de esmalte etc.?*

*– Agora virou uma salada de frutas. Aqui é um capítulo extra. Muita coisa, tem que ser uma integral por partes...*

*– Perfeito. Até aqui está ótimo. Era mais para saber como foi esse início.*

Em 11 de setembro de 1949, é celebrado o casamento dos meus pais. E, conforme o costume entre os judeus, pelo menos naquela época e nesta família, condição para o matrimônio era um dote. Ainda bem que o pai da noiva pôde comparecer e ajudar meu pai a comprar a casa onde iriam morar, na rua São Vicente. Todos, incluindo os recém-chegados, girando no mesmo bairro do Bixiga, onde, na rua Manoel Dutra, ficava a loja e a residência do meu avô.

Infelizmente, no ano seguinte, minha avó que eu nunca cheguei a conhecer morre, deixando, além da minha mãe, as irmãs de 17 e 10 anos. Os recém-casados tomam a missão de cuidar da casa e das meninas, passando a morar com meu avô e as filhas até ele se casar de novo, o que aconteceu em seguida, gerando desagrado nas filhas. Tamanho foi o desgosto das três que eu, ainda criança, associei a palavra madrasta com uma conotação negativa, exatamente como aquela das histórias infantis Branca de Neve, Gata Borralheira, acho que até João e Maria.

Essa perda precoce gerou uma ligação quase de mãe e filha entre a irmã mais velha (minha mãe, então com 20 anos) e a caçula, dez anos mais nova. Talvez pela menor diferença de idade entre mim e ela e por outros motivos que ainda vão aparecer, sou bastante próxima dessa tia.

Voltando à trajetória do empreendedor, o negócio dos ferros deu lucro significativo. Tanto que consagra a união entre os dois irmãos, com a mudança de moradia dos sócios para duas casas, uma ao lado da outra, na rua Treze de Maio. De um lado, eu, meu pai, minha mãe e minha irmã. Do outro, meu tio, minha tia e meu primo.

Particularidade da empresa foi a criação de um ferro mirim, de que eu me lembro bem. Sucesso entre as coleguinhas de escola minhas e da minha irmã, o esperado ferrinho de presente era um motivo adicional para sermos convidadas.

Além dos Ferros Bastos, fabricavam as panelas de pressão Imperial, de cujo cabo de baquelite deve ter vindo a ideia de produzir a matéria-prima que o compõe – partindo da ideia de que era melhor estar antes na cadeia de produção. Então cada empreendimento carregava em si a semente da ideia para a próxima incursão. E por que não diversificar e investir no desenvolvimento do pó com que são moldados os interruptores chamados silentoque, as tampas de vidros de esmalte, os pratos de melamina (aqueles antigos pratos Goyana)? Assim foram expandindo a produção. Antes que eu me esqueça, paralelamente, também fabricavam fios elétricos, me lembro bem daqueles rolos pesados embrulhados em papel *kraft* ou fita-crepe.

Muito típico do meu pai considerar absurdo ter uma loja e ficar esperando clientes. Nada mais longe do seu temperamento. Dotado de grande iniciativa, até seu andar era rápido.

Assim, ao longo de décadas foram prosperando. Do Bixiga, passaram a morar nos hoje chamados Jardins. Casa sempre próximas, distância que pudesse ser percorrida a pé. Já as indústrias (baquelite, polopas, melamina e condutores elétricos) que sucederam as da Bela Vista foram sediadas em Santo Amaro. Anos depois, enveredando pelo ramo químico, chegaram a montar em Cumbica uma fábrica de formol, necessário para sua produção. Depois, uma fábrica de formol maior, mais moderna, uma grande indústria petroquímica, infelizmente vendida no final da década de 1990 em circunstâncias desfavoráveis para os herdeiros e que deixaram consequências desastrosas.

"Ganhei muito dinheiro e perdi muito dinheiro, menina!", ele me disse no ano 2000.

(Fiquei com muita pena ao ouvi-lo declarar em alto e bom som que a vida lhe passou uma rasteira. Ao mesmo tempo, esse guerreiro corajoso e destemido assimilou o revés e conseguia expressá-lo em palavras sem o menos constrangimento, o que não é pouco. Ainda mais diante da filha. Muito embora a queda fosse notória. Senti que ele não merecia esse golpe. Acredito que, a partir desse baque, a sua saúde começou a declinar aos poucos.)

## Capítulo XII

Impossível acreditar que fugir de um gueto, lutar como *partisan* na Segunda Guerra Mundial durante quase dois anos, perder pais e irmã em um campo de concentração e visitar o local depois da guerra, chegar a um país de língua desconhecida e sem dinheiro não tenha deixado marcas no nosso herói.

Como teria sido essa criança e em que estado psicológico chegou esse jovem ao Brasil? Teria traços de resiliência? Já havia uma disposição para a combatividade, potencializada pela experiência?

Sempre dada a pensar na complexidade do nosso aparelho mental, suponho tenha ele ficado com sequelas profundas decorrentes da situação, uma espécie de mania de perseguição, uma paranoia, seja lá que nome isso tenha na teoria psicanalítica.

Inegável existir uma tensão inerente a imigrantes em geral. Pelo menos no início. Alguma consequência de ser desterrado – principalmente por motivos de força maior – deve ficar. Às vezes um deslocamento provoca a saída de alguém do lugar, mas o lugar não sai de dentro da pessoa. No caso do meu pai, embora ele tenha saído da guerra, acredito que de certa forma ela nunca saiu de dentro dele. Nada científico e generalizável, apenas o resultado de uma experiência única baseada na minha observação.

Apesar de episódios posteriores fornecerem dados para alguma hipótese similar, este foi o primeiro a demonstrar que essa ideia talvez fizesse sentido.

Minha tia, aquela dez anos mais nova do que a minha mãe, foi a protagonista.

*– Eu trabalhava com um dentista à tarde e estudava de manhã, no terceiro ano do clássico. Comecei a namorar ele, ele era casado e trinta anos mais velho do que eu. Eu tinha 18 anos, ele, 48. O pai dele morava perto do consultório. Teve um episódio que seu pai me seguiu, acho que ele começou a desconfiar que eu estava namorando e ia me encontrar de manhã com ele. Já tinha ido na garçonnière dele outras vezes. Ele parava o carro perto de uma esquina, e eu ia descendo a pé até lá.*

O ano era 1958, época em que os homens casados tinham um apartamento chamado *garçonnière* – onde levavam seus casos. Eu tinha quatro anos, minha irmã mais velha, aquela que se lembra de tudo, seis. Minha tia, dezoito.

*– No caminho, vi que tinha um táxi com um homem deitado no chão do carro.* Que estranho, *eu pensei. E quando eu entrei no carro do dentista, seu pai veio, me deu um puxão pelo braço e veio me arrastando até a minha casa. Dizem que alguém do prédio, o*

*pessoal da rua, dos prédios vizinhos do consultório viram o namoro e foram contar para os pais do dentista e obrigaram ele a me mandar embora. Foi um escândalo. Era tudo no mesmo bairro.*

Entendo que minha tia, uma pessoa que sempre gostou de ser paquerada, proveniente de um lar mais simples, então uma adolescente, tenha imaginado como vantagem a conquista de uma pessoa mais velha e mais bem posicionada socialmente. Provavelmente estava vivendo uma fantasia, se sentindo valorizada, sem noção de ser uma aventura descartável. Afinal, quem seria racional aos dezoito anos?

Consigo formular explicações para o comportamento bizarro do meu pai, me colocando no lugar da mãe de uma mocinha de 18 anos tendo um caso com um cara 30 anos mais velho e casado. Principalmente se for uma relação desigual, quando os pressupostos de ambos diferem. E contra o dentista pesa a *garçonnière*.

Será que meu pai se considerava responsável pela jovem órfã que ele conheceu com oito anos e teve um impulso de educá-la como considerava correto? Lembrando que a primogênita, minha mãe, assumiu o lugar da maternidade faltante. E meu avô era uma figura inexpressiva, do qual minhas lembranças se resumem a ter comprado algumas vezes um saquinho de balas na vendinha em frente à sua casa. Fora isso, nenhum contato maior. Nenhuma conversa. Seria a norma na década de 1950 entre imigrantes desprovidos de escolaridade e do idioma na nova terra?

Seu lado de espião me espantou, assim como a brutalidade. Mas já estava presente um pormenor que reconheço como típico: a ação pura, a inexistência de palavras. Nem se pode dizer que a reflexão estivesse ausente, já que o ataque deve ter sido planejado. Uma ofensiva tramada.

Muito estranho pensar meu pai de tocaia no chão de um táxi, na horizontal. Jamais o imaginaria no papel de espião e nessa pose.

Se bem que, ao criar uma imagem mental da situação, na hora me veio à mente um homem de tocaia, deitado no chão ao lado da estrada, montando guarda enquanto os outros estivessem dormindo ou mesmo de plantão aguardando a passagem de alemães para serem atacados. Ao lado dessa associação, visualizei cenas de filmes de guerra, em que os soldados estão deitados atrás de uma barricada com uma arma na mão. A mesma figura aparece representada em brinquedos de criança, uns soldadinhos verdes na horizontal com os bracinhos para frente empunhando um fuzil.

Será que a guerra continuava dentro dele?

E para confirmar a história, minha irmã mais velha, com mais lembranças do passado remoto do que do próximo, se recorda que nesse mesmo dia a nossa tia veio desabafar chorando na casa da irmã mais velha (nossa mãe).

(Como só fiquei sabendo desse caso já adulta, nada mudou para mim. Meu pai continuaria sendo aquele que, de pequena, me pegava no colo e perguntava em iídiche: "Gosta do papai?" Eu respondia que sim. E ele continuava: "Até onde?". E a resposta certa era: "Até o coração", que ele falava em iídiche).

## Capítulo XIII

Me lembro pouco da minha infância. Fora um fato bem marcante. Aos quatro anos aprendi a ler, motivo de grande orgulho para meu pai. Nem mesmo eu sei como. Um dia olhei a contracapa de um caderno escolar bem antigo, tipo brochura, e li as palavras do Hino Nacional lá impressas. Guardo na memória como ele se comprazia com esse feito, a figura dele carregando um jornal com uma mão, na outra segurando a minha, andando pela praia de Santos, onde a família tinha um apartamento, e mostrando para os conhecidos que aquele tico de gente sabia ler.

Só veio a reforçar sua preferência desde o meu nascimento por um motivo simples. Conforme o costume entre os judeus *ashkenazim*, aqueles com origem nos países da Europa Cenral e Oriental, nomeava-se um recém-nascido com o nome de alguém falecido. Minha irmã mais velha já tinha recebido o nome da minha avó materna. De sorte que me coube o nome em iídiche da mãe dele, *Sheine*. Mamesheine era como eu era carinhosamente chamada. Mame, mamãe em iídiche, e Sheine, o nome dela e, ao mesmo tempo, bonita, no mesmo idioma.

Ainda bem pequena, quando ia dormir e ficava com medo de morrer, me confortava acreditar que ela – que eu jamais conheci – estaria me esperando lá no céu. E pouco importava se era verdade.

A esse respeito, me surpreendeu demais ao ouvir no final do testemunho do meu pai para a Fundação Shoah sua menção a um episódio antigo que nada tinha a ver com o objetivo da entrevista. Inacreditável. Lá se tinham passado mais de 30 anos, e ele resolve contar para a fulana que eu tinha tido uma ótima classificação no concorrido exame de admissão para o curso ginasial de uma escola famosa. E como tinha me matriculado em outra, telefonaram para a minha casa questionando a desistência.

Não faço essa menção por cabotinismo, mas apenas para demonstrar o favoritismo dele e para deixar bem claro que o pai a que me refiro é apenas o meu pai. O das minhas irmãs é outro, bem diferente.

Outro episódio gracioso aconteceu por causa da minha dificuldade de acordar cedo para ir à escola. Talvez a imaturidade de ter sido admitida na primeira série aos cinco anos tenha sido um fator agravante. Tão despreparada emocionalmente que fazia xixi na calça, talvez por medo de pedir para ir ao banheiro, e chorava por qualquer motivo. Seja como for, diante do meu marasmo matinal ou da dificuldade de enfrentar a escola e para evitar que a minha irmã maior se atrasasse, ele a levou primeiro e depois se deu ao trabalho de voltar para buscar a folgada dorminhoca ou medrosa que era eu.

Óbvio que eu adorava ser a predileta entre as quatro irmãs. Ele me achava muito inteligente. Segundo a minha irmã mais velha, ele me respeitava muito.

Por minha culpa, ainda bem pequena, moramos em Santos um semestre. Foi uma tentativa. Porque eu era doente; porque eu tinha asma e na época ainda não existiam remédios eficazes.

Também motivei uma mudança de casa para uma mais bem insolada, supondo que a umidade pudesse estar prejudicando a filha doente que era eu. Pena que nenhuma dessas iniciativas deram resultado positivo e o problema continua comigo até hoje.

Para dar uma ideia da falta de ar, eu acordava de noite com dificuldade de respirar, fazendo aquele chiado característico, muito mais impressionante para quem ouve do que para quem sente. E minha mãe, coitada, ficava acordada junto comigo até amanhecer. Até ouvia o ruído do leiteiro entregando leite, os engradados de metal batendo uns nos outros e o barulho do pão (o chamado filão) jogado no chão do terraço, comuns na época. Fora as alergias na pele, nas dobras, tão feias que, quando pequena, as pessoas olhavam, davam opiniões, sugeriam tratamentos, quando não dirigiam olhar acusatório para a mãe que supunham cuidar mal da bebê.

Então agregou-se um punhado de proteção onde já se acumulava um bom bocado de predileção.

Naturalizei tanto a asma que só tive consciência de como essa dificuldade chegava até os outros quando assisti a um filme em que um dos artistas tinha uma crise. Aí fiquei realmente assustada com a má impressão que causava.

Pelo trabalho que dava, carrego nas minhas costas dois abortos que acabaram resultando em uma diferença de 7 e 9 anos para as próximas irmãs que viriam depois.

Quanto ao apartamento no litoral onde moramos durante um semestre, ele já tinha sido comprado e lá as duas famílias, a do meu pai e a do meu tio, passavam as férias ao mesmo tempo.

Pois foi nele, no verão de 1960/61, o primeiro desentendimento – não entre os inseparáveis irmãos –, que culminou na divisão das férias em duas metades, para uso exclusivo de cada lado. O motivo, confirmado pela minha irmã mais velha, que também estava lá, foi uma colisão cultural na cozinha entre os hábitos de higiene da minha mãe e os da mãe da esposa do meu tio, recém-chegada da Romênia.

Uma pena! Eu gostava da companhia deles e, sobretudo, das divertidas mesas de jogo, das parceiradas, das tômbolas, formadas junto com a tia e o primo. Também algumas festas judaicas que festejávamos juntos foram abolidas. Novamente lamentei.

Imagino que os irmãos – meu pai e meu tio – devem ter se aborrecido com esse primeiro conflito, mas nada soube. E a questão foi logo resolvida com a compra de outro apartamento no mesmo condomínio, embora em outro bloco.

Foi na segunda casa onde morei que nasceram mais duas irmãs. A próxima, uma loirinha fofa, com quem eu brincava dizendo: "Vamos, rainha!", estendendo meu dedo indicador para conduzi-la como se eu fosse um súdito, por causa de eu ter aprendido que o nome dela, Regina, tinha esse significado. E a caçula, uma moreninha do cabelo escuro muito risonha e feliz, chamada durante um tempinho pelo apelido carinhoso Lolopeti, que misturava o nome com a cor da pele.

Difícil imaginar como a família cabia lá, com dois quartos e apenas um banheiro. Mas para mim era normal. Era normal que uma feira se instalasse todas as quintas bem debaixo da janela da frente que dava direto na calçada, era normal que meu pai tirasse o carro da garagem de madrugada sob pena de ficar impedido de sair, era normal usar o vaso sanitário ao mesmo tempo em que ele fazia a barba na pia, era normal dormir com a próxima irmã no mesmo quarto. Já a minha irmã mais velha não achava nada normal ter de dormir no sofá da sala. E a caçula dormia no berço no mesmo quarto dos pais até os quatro anos, quando então nos mudamos para um bairro chique.

Ficou óbvio que esse número de filhas tinha a ver com a procura de um varão pelo meu pai, importante para a cultura judaica tradicional. Talvez porque só os homens tenham a obrigação de rezar. Um outro motivo seria a oração pelos mortos feita na sinagoga por um filho durante um ano. Sem um filho homem, quem rezaria por sua alma? Um estranho contratado? Será que contaria igual? Isso porque o meu pai, pela influência de sua família e dos seus estudos, observava alguns costumes.

Na voz dele, percebe-se seu ponto de vista sobre as mulheres.

*– No seu grupo* partisan, *um grupo não familiar, de pessoas que guerreavam, lutavam mesmo, tinha mulheres, como é que era?*
*– Tinha poucos casais, alguns casais tinha, tinha um com filho, tinha mulher que andava com a gente também, e pegava também* [ele

esboça um sorriso], *pegava arma e também lutava* [ele abre um sorriso e ri mesmo], *tinha uma ou duas lá, não sei, mas o resto fazia comida para a gente, e ficava lá, não tinha jeito, a gente não pode dizer que vai embora assim, vem um sujeito para guerrear com a gente, e a senhora dele também quer viver, e para sobreviver, vai dizer vai embora, ninguém fala nada. Então algumas já morreram, porque os alemães atacavam a gente, um morre, outro morre, homem corre mais, mulher corre menos, pegava mulher, matava...* [aqui faz uma breve pausa]. *É... tinha muita coisa, tinha... Tinha muita coisa, tinha lá. Muitas mulheres 'tavam lá, mas... fazer o quê?*

Decorrente dessa expectativa subentendida – mas não menos clara – pela vinda de um varão, que cada uma de nós irmãs, ao nascer, devia provocar uma decepção. Tanto era assim que me lembro perfeitamente que me senti redimida ao dar à luz o primeiro homem da família, o primeiro neto do meu pai. Se não pude dar a ele a alegria de ser homem, pelo menos gerei um neto para ele. E para meu deleite, se deram muitíssimo bem. Minha falha estava consertada.

(Com certeza foi uma bela de uma compensação. Tão bem se deram os dois que me lembro até hoje de uma passagem adorável em que meu filho pede uma carona para o avô, que logo quer saber para onde. Para Higienópolis, ele responde. E o avô apaixonado completa: Você eu levo até Petrópolis. Fora as dezenas de vezes que um convidava o outro para comer fora e lá iam só os dois na lanchonete predileta. O que conversavam e se conversavam nunca saberei. E pouco importa. Tenho certeza de que tudo isso está muito bem guardado, acolchoando de amor o coração dos dois).

## Capítulo XIV

Chances há de que parte da distância entre mim e meu pai seja creditada à falta do idioma em que pudesse expressar emoções e sentimentos por meio de palavras. Estrangeiro, nunca dominou a língua. Inclusive, na entrevista que eu ouvi, lhe faltavam muitos termos em português, que só saíam em iídiche; alguns, em russo e outros em polonês. Russo porque no grupo de *partisans* que integrava faziam parte soldados russos lutando contra os nazistas; iídiche era a língua falada na casa dele; e polonês porque, quando nasceu, sua cidade pertencia à Polônia.

Assistindo ao vídeo, alguns dos termos que colecionei foram: *compass*, para bússola; *karaú*, para vigia; *polytruk* para comandante do grupo; *schvemlech* para cogumelo e *smetene* para creme de leite. Isso quando não falava uma frase em iídiche sem perceber ou quando interrompe sua fala para perguntar para a entrevistadora ou para a minha mãe qual seria a tradução para português do que mencionou.

Ou seja: meu pai, além da mudança de solo, carregou a de idioma.

Embora minhas amigas comentassem que ele tinha sotaque, aos meus ouvidos era inexistente. Constatei surpresa, já adulta, essa dificuldade em uma sorveteria perto de casa. Lendo a lista de sabores, me perguntou: *mamesheine, o que é "avela"*? Sequer sabia o significado daquele chapeuzinho sobre a letra. Então expliquei que se tratava de avelã, um tipo de noz.

Na adolescência o diálogo com meu pai se reduziu ao mínimo. Quanto mais eu crescia, mais o espaço de intersecção entre nossos dois mundos mentais foi diminuindo. Maior ainda ficou com a minha entrada na faculdade. Primeiro, Arquitetura, supostamente dentro da área de Ciências Sociais Aplicadas; depois, Psicologia, uma Ciência Humana. Nenhuma conversa. Embora me levasse de carro para onde quer que fosse, sem jamais reclamar. Teria sido a falta de vocabulário ou de assunto?

Minha irmã caçula, a mais perguntona das quatro, não me deixa mentir e confirma a mesma dificuldade de comunicação. Dentro do carro dele, acontece o por assim dizer "diálogo", quando, no seu papel costumeiro, tinha ido buscá-la de um movimento juvenil que ela frequentava. Foi quando – aos doze anos – descobriu que havia pais que participavam da vida dos filhos, trocavam ideias com eles, e que era muito bom. Inclusive o pai de uma das suas melhores amigas era ótimo nisso.

*– Pai! Todos os pais conversam com os filhos. Você nunca conversa. Você nunca pergunta nada de mim. Não quer saber nada? Não*

*quer saber nada de mim, se eu sou boa em matemática? Não quer saber de que matéria eu gosto mais?*

Sabe o que ele respondeu? Nada, nadica, segundo ela. Continuou dirigindo em silêncio.

Já o afeto sempre fluiu normalmente por outros meios. E tudo bem que fosse na forma de comida. Sim, comida. Será porque no passado tenha lhe faltado? Frutas como cereja, maracujá, maçã, mexerica, mamão etc., sanduíches e frios, em particular pastrame, que me trazia em profusão. Ele conhecia bem as minhas preferências.

Também dinheiro me chegava com facilidade. A ponto de minha irmã mais velha me encarregar de pedir em seu lugar coisas que lhe seriam negadas. Eu funcionava como intermediária. Tanto que lhe fiz uma surpresa ao retornar de uma viagem ao exterior: um carro zerinho a esperava na garagem.

Mas seria ele o único responsável por essa falha na comunicação? Eu ter sido do tipo rebelde deve ter contribuído. Enquanto ele insistia comigo para eu cursar Medicina, eu o contrariava. Será que se eu tivesse estudado Administração de Empresas a história seria diferente? Duvido. Proibida era a entrada de filhas mulheres em suas empresas.

De qualquer forma, eu queria mais era trilhar um caminho oposto ao dele. Se ele era um "gringo" e um industrial de sucesso, mesmo sem ter consciência, eu queria mesmo era me diferenciar: tentaria ser uma "intelectual" entre aspas. Acabei seguindo adiante do meu jeito sem foco, indo na direção aonde o vento me levava e estudei Arquitetura por causa de um teste vocacional.

Mal sabia o que estava fazendo, mas ainda assim um caminho humanista. Óbvio que quando chegou a hora votávamos em partidos diferentes.

Ainda bem que amor pode transbordar sem ser expresso verbalmente.

Talvez compensando essa falta de palavras, tenho um respeito enorme por elas. Gosto delas, gosto de escrever, gosto de pensar sobre elas, e não passa um dia sem que eu consulte um dicionário. Até fico irritada com quem as desperdiça ou fala apenas por falar: considero um desrespeito. Sabe quem solta uma frase que não devia ter falado e depois fala que é brincadeira? Para mim, depois de Freud, não existem brincadeiras.

Já cheguei até a pensar que são sagradas, como certas interpretações do judaísmo. Me lembro de um diário em que registrava sessões de terapia e escrevia coisas só para se tornarem realidade. Uma espécie de ordem para mim. Se eu escrevesse, obedeceria à minha própria ordem. Afinal, eu mesma havia gravado que assim seria. E o mais estranho é que dava certo.

Na mesma linha, cuidei para que meus filhos falassem português direito. Falassem e escrevessem. Por sorte, tinha uma livraria bem perto de casa e semanalmente eles podiam escolher um título. Tenham ou não se tornado grandes leitores, fato é que falam bem o idioma natal e posso afirmar que também escrevem bem. Me esforcei para acertar as escolas onde estudaram.

Se ser imigrante marcou meu pai, ser filha de imigrante também deixou marcas em mim. Principalmente ser filha de um judeu sobrevivente, um judeu perseguido. Por exemplo, apesar de ter morado dos dois aos treze anos bem perto de uma igreja, eu estava proibida de entrar nela. Meu pai tinha horror de igrejas. Talvez lembrassem católicos, perseguições, sei lá o quê. *Cloisters*, ele dizia, significa igreja em iídiche, como se estivesse falando de um veneno. Levei tão a sério a proibição que mesmo já grandinha, estudando em frente a uma escola de freiras que tinha uma capela, onde as amigas iam no recreio passear, eu me impedia de ir. Somente aos 16 anos, em uma excursão de jovens, me permiti entrar em algumas. Também me era vedado cruzar as mãos, como rezam os católicos. Nada que fosse igual a eles.

Era para eu ser diferente. Os costumes eram diferentes. As festas eram diferentes. E tão diferente fiquei que é como se eu não tivesse raiz ou uma bem pouco profunda na terra.

E se a raiz era rasteira, a língua era fundamental.

(Ainda sobre a diferença de idiomas, meu primo trouxe uma perspectiva bem diferente. Me surpreendeu saber que, para ele, ter pai e mãe imigrantes, sem saber falar português, significou a impossibilidade de ajuda nas lições de casa, dificultando seu aprendizado e deixando-o em situação inferior aos coleguinhas. Como nunca precisei de ajuda nesse setor, jamais imaginaria que essa situação pudesse significar privação para alguém, pelo contrário. Sorte de ele ter aprendido a falar iídiche.)

## Capítulo XV

Além da falta de diálogo, muito me intriga o impulso descontrolado do meu pai, do qual gostaria de encontrar a origem: inato ou adquirido? Só tenho os fatos. Será que a ação incontida pode ser associada à falta de mediação da linguagem? Ou será que a guerra ativou nele um lado de muita ação, sem censura, sem reflexão? Com certeza em uma situação de vida ou morte não cabe pensar antes de agir. Minha dúvida é se essa atitude acabou sendo generalizada para algumas outras situações.

Guardo na memória uma cena dramática.

Estou sentada na copa da casa dos meus pais, tomando um cafezinho com queijo branco, como de hábito, quando ouço gritos. Como se repetem, levanto e vou ver o que está acontecendo. Foi tudo muito rápido, segundos talvez. Meu pai, dentro do lavabo de casa – tinha acabado de entrar – tentava fechar a porta com força enquanto, do lado de fora, minha mãe, gritando, empurrava na direção contrária e a irmãzinha chorava. Apesar dos clamores, ele não percebe o que está acontecendo. Desiste em seguida e entende o motivo do bloqueio. Na ânsia de fechar a porta (afobado, apressado e impaciente – traços notórios de sua personalidade), não reparou que a caçula, de uns cinco ou seis anos, estava com a mãozinha apoiada no local bem próximo de onde fica a dobradiça. Foi assim que a extremidade da falangeta do dedo mínimo ficou prensada entre a porta e o batente e acabou sendo cortada pela potência das batidas. Furiosa, minha mãe, ralhou com ele até não poder mais.

Foi sem querer, com certeza foi sem querer. Na falta das palavras dele, nunca soube como reagiu internamente; só pode ter se sentido muito mal depois. Uma vez deixei cair minha filha no chão, ela bateu a cabeça, e o primeiro pensamento que me veio à mente foi o seguinte: se ela morrer, eu vou sair de casa e ninguém nunca mais vai me encontrar. Nada original, apenas exatamente igual ao filme *Ironweed*, de Hector Babenco.

Fiquei chocada com seu foco concentrado em fechar a porta, como se fosse a coisa mais importante do mundo, sem perceber o que se passava ao redor. Uma determinação absoluta. Horrível ver aquele dedinho lacerado e o sangue escorrendo. Resultado: foram ao pronto-socorro e foi preciso fazer uma sutura; não sei quantos pontos foram dados.

Minha irmã se lembra de que a enfermeira gorda, no hospital, teve de segurá-la, e ela, por sua vez, teve que dar muitos chutes nela.

A cicatriz no dedo existe até hoje: ficou ligeiramente tortinho.

(Por ter estado lá, ficou patente para mim uma pessoa que, quando estabelece uma meta, nada a detém. Não fosse assim, teria sobrevivido à guerra? Assustador o quadro. Haveria que tomar cuidado para não lhe obstruir o caminho. Nem por isso deixou em momento algum de continuar sendo para mim aquele pai de mãos sempre quentinhas que segurava as minhas – sempre frias – para esquentá-las.)

# Capítulo XVI

Com o núcleo familiar aumentado, mudamos para uma casa maior em um bairro mais chique. Crianças crescendo, com os passeios, as obrigatórias pipocas, as tradicionais idas à Kopenhagen comprar chocolate, as eventuais pizzas, as idas ao cinema, aos espetáculos no ginásio do Ibirapuera etc. Nos jogos de carteado, entrou uma moda nova de que quem perdesse pagava pizza para todos. E a torcida era grande porque todos ganhávamos, mesmo quem perdia.

Enquanto isso, as irmãs da minha mãe aumentaram o núcleo familiar estendido com maridos e filhos.

Cada tia casou-se com um dos dois tipos da minha persistente e ingênua classificação. A irmã do meio se casou com um "gringo". A caçula, dez anos mais nova que a minha mãe, se casou com um professor, portanto habilitado a ser incluído na categoria "intelectual" entre aspas. Na minha jovem cabecinha, eu creditava a diferença ao estudo, a ele ter cursado uma faculdade. Agora pensando, talvez tivesse a ver, mesmo sem eu ter consciência disso, com o domínio do idioma e a pertinência à cultura local.

Não só isso. Como ele ainda não tinha sobrinhos/as da parte do irmão dele e minha tia e minha mãe eram muito próximas, as visitas eram frequentes. Daí que ele inventava brincadeiras, algumas hoje seriam consideradas inadequadas e incorretas. Mas na época nos divertíamos muito com o minicirco que ele montava com algumas moscas, das quais retirava as asas para evitar que fugissem e atuassem como equilibristas de bolinhas de cortiça ou halteres feitos com palitos de fósforo.

Se já olhava de início com muito bons olhos para ele, com o tempo continuei mantendo estreito contato depois do casamento com minha tia. Imagine que até livros ele tinha em sua casa!

Por gostarmos de estar junto com o casal, eu e meu marido, recém-casados e sem televisão por escolha, íamos assistir no apartamento deles ao programa *O grupo*, na TV Tupi, em 1979, que mostrava ficcionalmente uma sessão de psicoterapia de um grupo de nove pessoas. (Desde sempre eu gostava muito desse assunto. Tanto que mais tarde acabei frequentando uma faculdade de Psicologia.)

Décadas depois, quando minha filha se casou, essa tia vestiu aquele penhoar com a tradicional inscrição “avó da noiva” atrás para tirar fotos. Tomou o lugar da minha mãe, na ocasião sem condições de saúde para comparecer.

Ouso dizer que esse tio funcionou como um primeiro modelo que, junto com outros, serviu para eu encontrar um companheiro para mim.

Em contraposição, produto de sua época e criado em judaísmo conservador, em que papel masculino e feminino são determinados e muito diferentes, dizer que meu pai era machista soa até extemporâneo. Duvido que ele soubesse o significado da palavra. Provável que seu modelo de esposa seria uma dona de casa exemplar, apenas dedicada ao lar, como sua mãe teria sido. E um homem – na ideia dele – teria mais direitos do que uma mulher.

Enquanto o filho do meu tio, irmão do meu pai, era preparado para trabalhar na fábrica que os dois tinham juntos, às mulheres eram vedadas a entrada e a participação.

Registro que em um aspecto específico se aculturou: se era relativamente comum os homens terem amantes ou mesmo saírem com prostitutas, seria aceitável para ele ter casos enquanto o contrário seria imperdoável.

Tenho notícias de que ele dava suas escapadas porque uma vez convidou o tal tio professor para um desses programas. Mal sabia que esse casal era mais moderno no sentido de ter menos segredos um com o outro e até de escolher escolas progressistas para as filhas. Então, não só o tio contou para a esposa como ela contou para a irmã.

Ao receber a informação, minha mãe, que de conciliadora não tinha nada, muito pelo contrário, não tinha meias palavras, foi tirar satisfações com o marido. Decerto a briga deve ter sido enorme e me permito adivinhar que ele deve ter dito que era apenas uma brincadeira, como era seu costume quando era flagrado.

Resultado: meu pai expulsou o tio de casa. Nada mais sei porquanto não estava lá. Muito embora minha mãe, muito afeita a falar sempre a verdade – o que considero uma virtude, para o bem e para o mal – tenha me contado.

Além das relações cortadas com a parca família do meu pai, agora também esse tio, cunhado da minha mãe, foi proibido de nos visitar.

E o rio dos desentendimentos seguiu seu fluxo e desaguou no meu primo, que mantinha contato estreito com a minha irmã mais velha na ocasião, pois frequentavam um mesmo curso e saíam sempre juntos. E a autora da façanha de expulsar de casa esse sobrinho do meu pai – filho do irmão dele – foi minha mãe, estourada como sempre. Uma pena.

Na minha opinião, a implicância da minha mãe com o meu tio se relacionava com ciúme. Pode ter começado com a crítica dele para a calça comprida que ela usava ou para o cigarro fumado bissextamente. Mas seria pouco. Mais plausível que, como únicos sobreviventes consanguíneos, criou-se uma justificável e incontestável ligação tremenda entre eles. Porém, mais acentuada do lado do meu pai do que do outro. Prova disso é a frequência religiosamente diária à casa do irmão, caso não tivessem se encontrado na fábrica, sendo que o contrário jamais aconteceu. Conheço pessoas que, na minha observação, em vez de se ligarem mais com a família que formam, sua descendência, por algum motivo permanecem presos à família de origem, à sua ascendência. Talvez fosse o caso do meu pai.

Uma possível comprovação é o comentário do meu primo sobre sua sensação de ter dois pais. Sorte sua ter nascido homem e ter merecido esse contato mais estreito, que incluiria entrar na empresa dos dois irmãos, o que era vedado às mulheres. Só falta agregar nesse caldo que a parte operacional dos negócios era responsabilidade do meu pai e a financeira, administrativa, do meu tio. Depreende-se disso a desconfiança – com algumas provas – de que os recursos para a nossa casa eram menores do que para a "deles". Talvez o dinheiro lhes chegasse com mais facilidade.

Difícil contabilizar quanto cada casa deveria receber, considerando que éramos em quatro irmãs, com a manutenção correspondente, e, eles, apenas dois filhos. De qualquer forma acredito que nenhuma contabilização era feita. Quem soubesse pedir melhor teria resultados mais positivos. E por razão nenhuma o primogênito faria o menor questionamento que pudesse porventura provocar rusga entre eles.

Aos poucos, fui aprendendo que família e conflito eram sinônimos.

(Hoje refletindo sobre esse fato, entendo que esse aprendizado foi pernicioso para mim, provocando rejeição – sem a menor reflexão – a tudo o que fosse relacionado ao tema, principalmente rituais e obrigações que ajudam a perpetuar os vínculos. Para meu prejuízo, obviamente).

# Capítulo XVII

Assim como em desastres de avião, não só um, mas uma série de pequenos erros que, sozinhos, seriam inócuos, provoca um grande acidente, da mesma forma uma somatória de fatores desestabilizou o equilíbrio que até então parecia estável.

A casa para onde mudamos ficava a exatos cinco minutos da escola judaica onde as irmãs menores – ao contrário das mais velhas, que frequentaram escolas laicas – estudavam. Com certeza a localização da nova moradia foi escolhida justamente por isso, além de ser bem próxima da casa do irmão do meu pai. A partir da quinta série, as aulas aconteciam em período semi-integral, proporcionando mais tempo livre para minha mãe.

Então, considerando que eu fazia um curso de inglês, minha mãe resolveu se matricular no mesmo horário. Palmas para ela que, depois de dedicar anos cuidando das quatro filhas, resolve colocar os pezinhos fora de casa. Antes disso, ela tinha começado a estudar hebraico no mesmo colégio. Também já tinha tido iniciativa de tirar carta. Pena que logo no início raspou o carro do meu pai ao tentar tirá-lo de uma garagem. E lamentável que ele tenha reagido tão agressivamente que ela recuou e desistiu de dirigir.

Quanto às aulas de inglês, os únicos adultos, em uma classe composta de adolescentes, eram ela e um senhor. Com certeza entabularam conversas, coleguinhas. Até sabíamos o nome dele, sabíamos que tinha uma loja de calçados.

Aconteceu um dia em que meu pai foi nos buscar: ela, o senhor e eu estávamos descendo a rampa para sairmos, e ele segurou no cotovelo dela como um apoio para ela descer a escada. Um gesto educado, cavalheiresco, absolutamente comum, que a meu ver não queria dizer nada.

Porém, meu pai viu a cena e a interpretou – na fantasia dele – como se estivessem tendo um caso. Foi o estopim para desavenças em casa, que, principiando com discussões em vozes alteradas e gritos, chegaram a descambar em uma fúria incontida expressa fisicamente. Ainda que as explosões se limitassem a algumas, a brutalidade foi assustadora.

Felizmente não presenciei as brigas. Mas sim fiquei sabendo da existência delas pelas minhas irmãs, um pouco pela minha mãe e pelas consequências em casa. Já da boca do meu pai nada saiu. Como poderia se nunca conversávamos? Jamais saberei como se sentia após seus excessos.

Eu, nos meus raros episódios de descontrole, fico desconcertada, descomposta, feita em pedaços. Como se precisasse recolher meus cacos, me compor de volta, me refazer. Como meu pai se sentia, não sei.

Em uma ocasião em que o confronto escalonou, a irmã mais velha interveio, tentando apartar, e a agressividade acabou respingando nela, deixando como saldo o lábio inchado. Assustada, veio correndo e entrou no quarto da caçula, então com 9, 10 anos, que relembra a cena.

*– Papai estancou na porta do quarto, desfeito, nervoso e descontrolado, sem camisa e de cueca samba-canção vinho, jeito muito fora do habitual, muito diferente de como se apresentava em casa. Mas não ousou entrar. Me marcou muito a figura dele lá parado. Como se tivesse criado um limite invisível e inconsciente, um umbral de proteção construído por ele mesmo, uma defesa criada para proteger as crianças dele próprio e daquela loucura que tomou conta dele. Papai sempre amou crianças.*

"*De kinder, de kinder*" (as crianças, em iídiche), era uma fala típica dele.

De fato, meu pai gostava muito de crianças, de preferência meninos, como ele mesmo comprova no depoimento de 2007.

*– Tinha crianças no acampamento do senhor?*

*– Tinha uma criança, uma criancinha que eu cuidei de ele, tinha uns doze anos acho, peguei Ershale chamava. Ershl, em iídiche é Ershl. Peguei ele, cuidava de ele e... quando acabou a guerra, um ano, um ano e meio a mais comigo, que nem uma criança, mas eu deixei ele, ele achou um, um familiar dele lá que pegou ele e eu dei, família... meu, ele não é nada, ajudei ele, não é mais que obrigação que eu ajudei ele.*

*– O que esse menino fazia?*

*– Ele ajudava, ficava só comendo e bebendo, e usava roupa grande que não tinha roupa pequena e andava, descalço às vezes, a gente cuidava dele, fazer o quê, matar ele? Tem que também cuidar, uma criança.*

*– O que ele perguntava para vocês?*

*– Ele não perguntava nada, já sabia de tudo, que estrada, já se acostumou na vida, um ano e meio comigo já se acostumou, já viu problemas, que nóis tem que lutar, quer dizer, nosso inimigo é alemão, sabia que sobreviver. Nunca mais eu soube dele porque eu fui embora, eu fui embora ver o meu irmão.*

Justiça seja feita, ele também tinha grande apreço – e respeito – pela criança que era eu.

Como prova, uma lembrança antiga, antes de as irmãs menores nascerem, de uma briga com a mais velha, que tinha ganhado um guarda-chuva de tamanho infantil, novidade por aqui, trazido pelo tio rico da minha mãe de uma viagem ao exterior. Estávamos nós duas nos batendo pelo objeto cobiçado, eu provavelmente enciumada por nada ter recebido. A luta era corporal, e ela, por ser maior, estava vencendo. Acuada, minha defesa foi uma mordida, daquelas de quase sangrar. A gritaria deve ter chamado atenção, e meu pai veio apartar, arrancou bruscamente a sombrinha das nossas mãos e a empunhou, como uma arma, com o braço levantado.

Naquele instante, eu era só pavor, esperando o golpe que seria desferido contra mim. Só que ele nada fez. E mesmo sem ter sido atingida, aquele terror deixou uma consequência. A agressividade daquele episódio eu guardei bem guardada. Nunca mais entrei em conflitos que pudessem reverberar em algum tipo de embate corporal.

(Tudo isso deve ter marcado cada uma das irmãs de um jeito. Em decorrência desses embates corporais, a primogênita se casou bem cedo, aos 20 anos, porque queria sair de casa. Informação direta e checada porque proveniente da boca dela mais de uma vez. Não surpreende que ela tenha se saído com uma pertinente definição para o nosso pai: "a mão vinha antes da palavra".)

# Capítulo XVIII

Ainda tentando preencher lacunas, fui ouvir, junto com a irmã caçula, o que uma muito querida amiga da minha mãe teria a dizer sobre ela, sobre o casal.

*– Conheci sua mãe porque eu e ela éramos voluntárias em uma organização judaica e aconteciam umas reuniões. Como seu pai tinha um sítio, ele convidou alguns casais para almoçar lá algumas vezes. Ele era muito mandão, o dono de tudo. Passei a ser amiguinha dela. Passeávamos na rua Augusta, eu ia fazer compras, e ela não tinha um tostão na bolsa. Uma vez entramos em uma loja de maquiagem, cuidados pessoais, ele não dava um tostão para ela. Ela entrava na loja e dizia: "eu quero comprar isso, você me empresta?". Depois ela não queria comprar. Ela também se sentia mal nisso, não é porque ela tivesse receio de não devolver. Eram coisas simples, um batom nacional. Mas ela adorava o teu pai, com todos os defeitos dele.*

(Ouvir a amiga dizer que minha mãe adorava meu pai foi um conforto.)

– *Ele gostava muito de trazer alimentos, sacos de feijão, que ele trazia, era o tipo dele trazer coisas. A gente ia vender convites beneficentes, e ele gostava de ir de carro com a gente. Isso ele fazia com muito prazer. Organizavam uma apresentação, e a gente vendia o convite. As coisas para a sociedade ele dava muito bem.*

(A generosidade do meu pai era notória. Tanto com quem precisasse como com a comunidade.)

– *Quando ele apareceu na casa deles* [casa onde a minha mãe morava com os pais], *que ele morava lá perto, foi trabalhar com ela na loja, o pai dela tinha uma loja. Ficava no caixa e começou a aprender. E passou a morar na casa dela porque a mãe dela tinha uma pensão. Precisava fazer dinheiro para viver e passou a fazer uns jogos de pano de enfeitar, toalhinhas de mesa, aquelas que antigamente se punha sobre o criado-mudo, e passou a vender para ganhar um dinheirinho.*

(Inaceitável para ele um homem que não trabalhasse, não fosse provedor.)

– *Ele ficou um grande homem, mas o que fez para se tornar um grande homem eu não sei. Nunca contou por que não dava dinheiro para ela, e eu nunca perguntei. Não confiava nela. Tanto que trazia tudo para ela. Ela se queixou que ele não dava dinheiro para ela.*

*Mas ela tinha roupa boa, tinha comida. Nunca pensei em perguntar para ele.*

(Dá para perceber que comunicação não era o forte.)

– *Ele adorava ela. Não falava nada, mas a gente sabia. Eu acho que ele gostava e gostava muito* [ela enfatiza a palavra muito]. *Ou porque era homem ou porque era o primeiro homem. Gostava dela, gostava muito dela, mas não sabia amar. Um homem, para ficar com uma mulher com tantos filhos, acho que precisa gostar.*

E a irmã caçula confirma.

– *Várias coisas que ela me disse me deram a entender que ela gostava dele na cama. Depois que eu virei adulta, ela contava as coisas dela para mim e eu contava as minhas para ela. Falava tipo ele é bom na cama. Sabe uma coisa que a minha mãe me disse? "Ele nunca tinha me beijado de língua."*
– *Talvez ele fizesse um sexo tipo tchum-tchum – eu intervim. – Apressado como era.*
– *Mas a mamãe gostava do tchum-tchum também. Ela gostava porque ele era quentinho. Ela gostava que tinha um homem lá do lado dela.*
– *Isso estava escrito, não precisava ela falar – completa a amiga. – Ele eu também acho que gostava dela. Se não gostasse, poderia ter outra. Ele era muito dedicado a vocês. Se bem que não conversava conosco. Era homem com homem e mulher com mulher. Ele gostava*

*de pegar o carro e levar a gente vender convites. Foram ótimos os tempos com a Rosa. Eu gostava muito dela, uma amiga.*

Embora eu não contasse com esse efeito, a conversa com a amiga da minha mãe e a menção desse sítio me botou não só cara a cara com a distância entre mim e meu pai, mas abriu o foco e mostrou claramente meu afastamento do convívio familiar.

O mencionado sítio recebia muitos amigos do meu pai: casais com filhos que vinham passar o dia e aproveitar a piscina. Ao contrário de nossa casa, onde se recebia pouco, esse era um lugar onde meu pai reinava e convidava quem lhe aprouvesse. Era um espaço dele, especialmente a cozinha, de que ele gostava muito de tomar conta. Que ele era muito simples, desnecessário dizer. Mas essa sua característica não atrapalhava em nada sua bondade sem tamanho.

Então, o cardápio tradicional, por ele criado, uma sopa de peixe (ele adorava peixe) e frutos do mar, deliciosa por sinal, já vinha pronta em um caldeirão, feita por uma cozinheira da fábrica dele. Todos adoravam, e ele mais ainda. Nada o deixava mais feliz do que receber gente e oferecer comida. Talvez uma compensação para a fome durante a guerra.

Sua generosidade era conhecida: doar era com ele mesmo. Se eu me apresentasse como sua filha para algum amigo dele, imediatamente escutava elogios para a sua pessoa, quando não ouvia falar de como tinha sido ajudado por ele. Como bem definiu meu marido, ele cuidava muito bem da sua imagem. E eu posso confirmar que essa imagem era de fato verdadeira. Dispunha de alguma coisa que fazia todos gostarem dele.

Minha irmã mais velha, casada cinco anos antes do que eu, que ainda demorei sete anos para ter filhos, já tinha as suas duas meninas. Nada mais óbvio do que, morando em apartamento, aproveitar esse local, ideal para crianças, em local tão próximo de São Paulo, com área livre, um lago e piscina. Eu e marido, ainda sem filhos e sem nenhum interesse nesse fim de semana familiar, rejeitávamos o programa. Muito mais preferíamos frequentar a cena cultural paulistana e nos manter atualizados.

E quando meus filhos atingiram a idade de aproveitar o lugar, ele já não mais existia.

(Resultado: embora sem fazer parte de um plano consciente, mantive distância de todo o núcleo familiar, o que pode ter se revelado seguro, já que escapei de presenciar alguns conflitos. Some-se a isso que, ao contrário das outras irmãs, escolhi morar em um ponto além da distância alcançável a pé da casa dos meus pais e das minhas irmãs também, todos no mesmo bairro. Não quer dizer que não tenha sobrado privação de convivência familiar e de pertinência ao clã).

## Capítulo XIX

Lendo a história, alguém pode questionar se minha mãe traiu ou não meu pai. Teria ele bases para apoiar seu comportamento? Por mais que nenhuma das filhas duvidasse dela, existem provas. Não que fossem necessárias. Conhecendo-a do jeito que a conhecíamos, sabemos o quanto ela era afeita à verdade, para o bem e para o mal. (Eu mesma padeço um pouco desse apego. Mesmo sem verbalizar, meu rosto já me delata.)

Uma primeira prova é um bilhetinho encontrado pela irmã caçula, tempos depois, quando meu pai e minha mãe já não estavam mais entre nós, enquanto desfazia o apartamento em que moravam. Nesse papelzinho precioso, escrito à mão, constava um desabafo, como se fosse um diário. Nele, minha mãe, conversando consigo mesma, expressa o seu esforço para tentar entender o que estava acontecendo com o marido.

*– Eu liguei na fábrica e perguntei para a secretária se ele*

*andava muito nervoso ultimamente. Ela respondeu que ele estava do jeito de sempre. Eu pensei em pedir ajuda para uma psicóloga. Será que uma terapia psicológica poderia ajudar? Pode ser da guerra, talvez um trauma de guerra. Eu não sei mais o que fazer.*

Esse registro, para mim, revela a perplexidade de uma mulher diante de um quadro além de sua compreensão. E por ser intimista e não dirigido a ninguém, confirma sua inocência. Apesar da situação de que estava sendo vítima, ainda assim gostava do marido e ansiava por uma solução.

Só vim a conhecer esse bilhete há pouco, recolhendo detalhes do caso com a irmã caçula. E me deu muita pena enxergá-la perdida dessa maneira. Ainda mais que eu pensava na mesma explicação: que o papai tinha tido um surto, sei lá, uma mania de perseguição, alguma loucura decorrente da guerra, alguma espécie de delírio persecutório.

Outra evidência é o fato de ela, perdida, ter ido se aconselhar com o rabino, diretor da escola das irmãs mais novas. Sendo que a mais velha a acompanhou e se lembra disso. Jamais teria feito isso se tivesse uma gota de culpa que fosse.

Juntando com o mau aproveitamento inexplicável da boa aluna que a caçula sempre tinha sido, foi imediata a associação feita pelo rabino: "Ah, por isso ela está indo mal na escola". Se deu alguma sugestão de como proceder, desconheço. Muito embora uma providência tenha sido tomada a partir da reunião: sua esposa, professora da mesma escola, passou a dar aulas particulares para a criança, sem cobrar.

Essa irmãzinha era e é muito espertinha, repito, no que se assemelha ao pai. Quando criança, muito moleca, ao perceber que a situação ia piorar para o seu lado, saía correndo e escapava. Tinha as perninhas sempre prontas para sair chispando. Algumas vezes o plano dava errado, e ela acabava levando um tapa ou coisa do gênero, mas se safar era com ela mesma. Além de ser muito arteira, no sentido literal, e em travessura.

Aqui, um trechinho de nossa conversa sobre o problema que vivenciamos.

*– Penso que a briga escalonou: deve ter começado de forma que soubéssemos pouco e foi piorando aos poucos, com direito a alguns extremos impróprios.*

*– Fato. Piorou porque o papai cortou a verba, e eu, sem saber da verba cortada, mostrei para a mamãe o monte de dinheiro que havia dentro da gaveta com chave. E eu tinha descoberto um jeito de abrir. Puro gosto de fuçar em tudo. Tenho esse gosto até hoje. É feio. Mas não resisto.*

Essa descoberta – meu pai era do tipo que ainda usava só dinheiro vivo, como se dizia, e cada quarto da casa dispunha de uma gaveta com tranca – e a utilização desses recursos pela minha mãe provocaram mais um confronto entre o casal. Por falta de sorte, foi presenciado em parte pela pequena quando tentou intervir, gerando imagens dramáticas da vítima subjugada brutalmente que deixaram marca indelével em seu arquivo mental. Tão intensas que levadas para terapia anos mais tarde, causando espanto na psicóloga. Por ser mais nova, pegou essa fase ainda em sua formação e sofreu mais consequências. Eu, 9 anos mais velha, ou fazendo cursinho ou na faculdade, passava o dia fora de casa e muitas vezes saía à noite.

Será que o pavio desse desvario já estava presente dentro dele, ampliou-se pela experiência na guerra e explodiu – fora de lugar – diante de um episódio fortuito?

Acrescente-se a isso a formação religiosa tradicional, estabelecendo o papel do homem como provedor e da mulher como responsável pelas questões domésticas e pela criação dos filhos. Resulta quase natural que desconfiasse de mulheres que "saem de casa".

Bem antes de os problemas aflorarem, o marido daquela tia – irmã mais nova da minha mãe, que era vendedora e eventualmente viajava – recebeu um telefonema anônimo aconselhando-o a prestar atenção no que a esposa andava fazendo. Ficou fácil suspeitar quem teria sido autor dessa ligação. Uma por causa do jeito ladino já manifesto naquele episódio da tocaia para flagrar o encontro com o namorado dentista casado e duas, pelo sotaque. E dá para entender que esse seu lado tenha sido ativado na luta pela sobrevivência desde a tenra idade, resultando no sucesso de ter saído com vida da floresta.

(Hoje observando, parece que o caminho que meu pai encontrou para resolver problemas perpassava por desvios, com estratégias, subterfúgios e violência. E a ausência de diálogo, em casos que eventualmente pudessem levar a uma solução alternativa que se aproximasse de uma conciliação, sobressai. Provável que a semente para tanto existisse nele. De qualquer forma, fica a pergunta: há com quem conversar em uma guerra?)

## Capítulo XX

O suposto delírio – não sei que outra palavra usar – se instalou em casa por uns bons, melhor dizendo, maus anos. A despeito das poucas vezes que transbordou para fora do quarto do casal, o resto ficava pairando como sombra.

Marcante para mim foi ter recebido, no meio de um fim de semana na praia com o então namorado e amigos, um telefonema da irmã mais velha, pedindo para eu voltar porque a situação no suposto lar estava muito complicada. Me foge à lembrança como ela teria esse número. Só posso imaginar que eu tenha deixado para minha mãe em caso de emergência. E devia ser esse o caso para ela ter passado adiante.

Agora, a décadas da situação, me soa estranho o chamado: de que adiantaria a minha chegada dali a horas quando a fumaça já deveria ter baixado? Minha hipótese é que essa irmã, já casada, recebeu um telefonema da minha mãe pedindo guarida e queria que eu a substituísse no posto. Razoável que ela quisesse retornar tranquila para o seu novo lar, sendo substituída por um adulto supostamente são dando suporte para as irmãs, na ocasião com 10 e 12 anos. Obviamente voltamos na hora.

Pior é que recentemente, para me ajudar a montar o mosaico do passado, fui, junto com a caçula, pedir para ela mais detalhes sobre o que tinha acontecido e fui surpreendida ao ouvir que não fazia ideia do que eu estava falando. Desconversou.

> – *Me lembro muito mais das coisas boas. Me lembro do papai me levando para a escola. Depois levando a gente para o mar, ensinando a nadar.*
>
> – *Papai era gostoso, era um pai gostoso, era um paraíso de gostoso* – a irmã caçula pega carona nas recordações boas.
>
> – *Era um paraíso ficar esperando ele chegar nos fins de semana em Santos, nas férias. A gente queria saber o que ele tinha trazido para a gente.*

E eu acabo entrando na onda:

> – *Eu me lembro das caixas de uva Niágara que ele trazia, sempre tudo em grande quantidade. Era uma delícia comer a uva docinha gelada no calor. Eu adorava quando ele trazia beigale*[41] *de uma loja do Bom Retiro.*

Curioso que tanto eu quanto meu marido, então namorado, temos plena lembrança de que, ao desligarmos o telefone (aquele

41 *Beigale*, tradicional pão judaico em formato de rosca pequena com consistência mais durinha, coberto com gergelim.

antigo com os números que giravam), fizemos as malas, fomos até a rodoviária e tomamos um ônibus. E, para mim, quando duas pessoas se recordam do mesmo episódio, chances há de que seja verdade. A propósito, adoro um ditado que meu pai repetia: "se duas pessoas falam que você está bêbado, vá para casa".

Arriscaria uma conclusão simplória: o esquecimento – com sucesso – de momentos difíceis pode ser um recurso de proteção. Será que o conteúdo era tão pesado que o inconsciente resolveu guardá-lo bem escondidinho?

A caçula, ao contrário, tem mais a complementar e ressalta que tinha naturalizado o tom alto de voz com que o casal nada delicado conversava. Mas não as altercações posteriores, muito menos os gritos. Isso quando ainda existiam porque depois reduziram as falas ao mínimo necessário.

> *– Antes do problema, eles já conversavam em voz alta, era o jeito de eles conversarem, e eu já estava acostumada que eles falavam daquele jeito. Porque depois que eles ficavam de bem, não tinha mais gritaria.*

O caso tomou uma proporção tamanha que chegou ao ponto surreal de o fornecimento de recursos para o provimento da casa ter sido cancelado. Sem qualquer trocado no bolso ficou a esposa, como bem mencionou a amiga. Sendo que, como já disse, meu pai só usava dinheiro vivo para tudo. Cheques não eram usados por ele.

Como a casa era abastecida? Muito simples. Ele a levava ao supermercado – isso ele nunca se recusou –, onde ela fazia as compras necessárias e ele pagava a conta normalmente. Melhor que nada faltasse durante a semana porque caso contrário ela teria que recorrer a um mínimo dinheiro guardado.

Conta a irmã mais velha que pedia para minha mãe incluir uma lista suplementar que ela estava precisando e recomprava mediante pagamento, gerando alguns trocados para miudezas. Assim viabilizava ao menos pagar o salão de beleza ao lado, religiosamente frequentado aos sábados, como era seu costume, para fazer o cabelo e as unhas.

(Inacreditável, mas era assim. A amiga entrevistada confirmou que o marido usava o dinheiro como instrumento de controle e punição da esposa. Nenhuma novidade nisso. Aos olhos das filhas, o modelo de casal estava longe de ser ideal. Ainda mais que nada puderam ou souberam fazer. Triste e sem solução: um casal que manteve a união por motivos desconhecidos por nós. Olhando de fora, um abraço de urso no mau sentido. Mas nada se pode afirmar sobre o lado de dentro.)

## Capítulo XXI

Os absurdos começaram a se amontoar. Tão visível e esdrúxula era a situação que a nossa empregada acompanhou todo o desenrolar da história, se envolveu e acabou servindo de informante. Das suas andanças pela rua – morávamos em uma casa com um portãozinho baixo à guisa de muro –, ela trouxe a notícia de que meu pai havia contratado um chofer de táxi cujo ponto ficava a uma quadra para vigiar as saídas da minha mãe. Que era verdade ficou evidente diante da falta de profissionalismo do cara que mal sabia disfarçar sua presença.

Combinando com a maluquice reinante, caberia a explicação dela de que minha mãe tinha sido vítima de uma macumba de sete anos de duração. Curioso que o prazo tenha sido mais ou menos esse. Ainda segundo ela, o desaparecimento de um pé de chinelo era a prova porque, para consecução do feitiço, era indispensável uma peça usada pelo alvo.

Comportamentos bizarros do meu pai se assemelhavam a táticas de espionagem de guerra ou de detetives, reforçando minha ideia de que se tratava de alguma espécie de sequela da guerra. Até o porteiro do prédio da frente ganhava umas gorjetas para estar atento aos horários dos ires e vires.

Mas quem disse que ela saía?

Me lembro de tê-la acompanhado em uma consulta com um advogado. Sabe aquele tio rico, a quem se pede conselhos, que toda família tem? Além de rico, era muito procurado porque sua opinião era muito respeitada. Então... Ela fez seu desabafo, e ele sugeriu marcar uma hora com um renomado fulano, que aventou a possibilidade de uma separação. Ainda mais que havia agressividade em jogo. Mas ela não encarou.

Eu torcia para que eles se desquitassem (divórcio ainda não estava legalizado) porque, na minha fantasia juvenil e ingênua, aconteceria como no filme *Os seus, os meus e os nossos*, de 1968, comédia com Lucille Ball e Henry Fonda, que retrata o casamento de uma viúva com um viúvo, ambos com inúmeros filhos. Na ficção, tudo se resolvia com muito humor. E a minha expectativa era que a vida copiasse a arte e surgisse uma nova família funcional e alegre, que incluiria mais irmãos e irmãs.

Já a irmã caçula, tinha uma perspectiva muito diferente por causa de uma experiência desagradável ao andar de ônibus:

*– A mamãe veio me perguntar o que eu achava de ela se separar do papai. Aí me deu um aperto no peito, um pavor enorme e eu disse com todas as letras: "Não". Eu fiquei morrendo de medo. Eu fiquei com medo de andar de ônibus, eu fiquei com medo de ficar pobre e ter que andar de ônibus.*

Isso porque ela tinha sido molestada no ônibus, um tipo de assédio que ocorria naquela época, homens se esfregando em meninas. E ela, sem entender nada, tinha sentido um nojo misturado com curiosidade, deixando como saldo o pânico de, por questões de economia, ter que usar esse meio de transporte de novo.

Durante algum tempo pensei que a decisão da minha mãe tivesse relação com falta de coragem. Mas essa hipótese não resiste ao teste de realidade. Imagine uma mulher do lar em 1973 com quatro filhas para criar e sob risco de ficar sem receber uma pensão adequada para bancar os gastos. Considerando que ela nunca havia trabalhado fora de casa e ele estava completamente descontrolado, disposto a qualquer coisa para penalizá-la e se vingar.

Tão fora de si devia estar esse nosso herói da floresta que, na sua ânsia por vingança (não consigo encontrar outro motivo), mudou a razão social da empresa de que era proprietário junto com o irmão. Transformada em sociedade anônima, chegou ao desatino de doar suas ações para outra pessoa, prejudicando não só a mulher como as filhas. Ou seja, em caso de um desquite, ele poderia alegar, legalmente amparado, não dispor de recursos. Talvez, mediante uma ação, houvesse chances de alegar fraude na mudança da razão social e até chegar a um acordo mais razoável. Mas quanto tempo demoraria esse processo judicial?

O que terá motivado meu pai a fazer esse trâmite na Junta Comercial? Essa estranha decisão prejudicaria as filhas também. Teria o tio da minha mãe que recomendou o escritório – bem famoso por sinal – vazado a informação? Essa seria uma possibilidade. Ou talvez meu pai – cego de ciúme – se aconselhou com alguém que o incentivou a se precaver contra a esposa e ao mesmo tempo se vingar dela.

Respostas me faltam.

Em um ponto alto de sua insânia persecutória, a filha caçula seria do suposto amante, retrocedendo a história até a concepção dela, pelo menos uns oito ou nove anos. E ela, mesmo sem saber de nada, percebeu a mudança de tratamento. Óbvio. Aquele pai anterior, tão afetivo que tanto gostava dela e também lhe dera um apelido carinhoso, tinha sido substituído por um homem das cavernas. Tão absurda soava a ideia quanto mais, das irmãs, ela é justamente a mais parecida com ele. Mesma cor de pele, mesma velocidade, mesma esperteza, mesmo tino comercial, mesmo empreendedorismo, mesmo jeito de ser, mesmas perninhas prontas para fugir. Mas sem sequelas de guerra. Pena que não havia teste de DNA naquela oportunidade.

Ou por causa desse mal-entendido ou por ser a caçula, minha mãe, diante da situação anômala decorrente das desconfianças irracionais do meu pai e para compensá-la, acabou lhe dedicando uma atenção preferencial. Muito justo. E foi uma moeda de dois lados. Apesar da tenra idade, tanto quanto pôde, tentou defendê-la, presenciando – repito – cenas proibidas para menores.

(Curioso que, relembrando os detalhes sórdidos daquela época, é como se eu tratasse tudo com pinça, com muito cuidado, evitando manchar ou macular a imagem dos envolvidos no caso, como se retirava as fotografias recém-reveladas da cuba com a emulsão específica que fazia o milagre da aparição da imagem. Sem julgamento. Assim cheguei aqui.)

## Capítulo XXII

Embora se saiba como começou essa tormenta, ninguém se lembra de quando, como ou por que terminou. O processo deve ter acontecido no gerúndio: foi amainando aos poucos. Demorou alguns anos, sim, mas arrefeceu. Há quem diga que um dos fatores que contribuíram foi minha mãe se tornar voluntária em uma ONG judaica feminina. Então as saídas seriam não só justificadas, mas com uma finalidade aprovada e até aplaudida pelo meu pai. Teria sido um sinal para ele de que ela estava "tomando juízo"? Nesse grupo, ela fez amizades que resultaram em parcerias de jogo com mulheres e seus respectivos maridos, além de terem participado de uma excursão para Israel. Juntos. Se restava algum vestígio, era invisível a olhos nus.

Paralelamente, ele viria a se engajar em outra organização e também retornar à sua religiosidade original, com idas diárias à sinagoga. Possível terem funcionado como coadjuvantes para seu lado mais condescendente aflorar.

Da mesma forma, a compra de um sítio, onde era o "dono da casa" e convidava quem lhe aprouvesse, pode ter colaborado. De sorte que aos fins de semana ou aos domingos, o encontro com amigos e com o núcleo familiar da filha mais velha e sua descendência foi trazendo novos elementos ao clima reinante.

Algumas pessoas, com o passar do tempo, ficam mais ranzinzas, como se a vida tivesse lhes machucado, lhes devesse alguma coisa e elas revidassem. Às vezes até se transformam em pessoas mal-humoradas, sempre reclamando, com olhar mais para trás do que para a frente. Nada disso aconteceu com o meu pai. Até estranhei muito quando alguém se referiu a ele como "coitado" por tudo o que passou na guerra. Nunca o ouvi reclamar de nada, energia de vida era com ele mesmo. Sempre ativo, sempre fazendo planos, uma força de vida descomunal. Uma vez, internado para fazer uma cirurgia, me surpreendeu pensando em novos projetos. Mesmo deitado na cama, estava pensando em montar uma nova fábrica.

O tempo lhe fez mais tolerante, mais macio. Um ótimo exemplo para mirar.

Até aquela suspeita de a filha não ser sua virou pó. Por mais que ela, quando criança, tivesse sentido os efeitos desse delírio, quem tinha disso conhecimento teve a decência de silenciar. Até chegar-lhe aos ouvidos, felizmente quando já era bem grandinha. Mas, como é de sua índole, ação é com ela mesma (a quem terá saído?) e fez questão de tirar satisfação.

*– Embora todos tivessem escondido de mim que ele tinha essa desconfiança, entendo que tenha sido para evitar que eu me magoasse*

*mais ainda, eu tinha naturalizado meu pai, achava que era assim. Mas quando soube, fui perguntar se ele ainda achava que eu não era filha dele. Eu achei ridículo, porque nesta época eu estava trabalhando na fábrica, e o tio M. vivia dizendo o quanto eu era a cara do papai. Sem contar que desde criança todos já diziam isso. Por isso tive tanta segurança em perguntar se ele ainda tinha alguma dúvida. Digamos que eu tinha certeza de qual seria a resposta. Acho que eu só queria mesmo era que ele mesmo ouvisse a resposta que ele mesmo daria. E que de alguma forma, pudéssemos passar um pano limpo naquilo e seguir em frente. Afinal, eu gostava dele – como todos na nossa família.*

Sem papas na língua, foi direto perguntar ao responsável pela criação do boato.

– *Pai, você ainda acha que eu não sou sua filha?*

– *Non, non. Esse foi brincadeira. Non.* – Essa era uma fala típica e recorrente dele sempre que flagrado. Assim imaginava se safar, mesmo que obviamente soubesse estar mentindo. Mas será que acreditava que a gente caía nessas esparrelas? Se bem que nesses casos a gente ficava quieta: era mais fácil deixar para lá. Ele era irresistível nessa suposta ingenuidade.

Outro exemplo de sua mudança foi aceitar a homossexualidade da filha bem como sua namorada da época, sempre bem acolhida e convidada nas festividades religiosas. Minha irmã se lembra muito bem do episódio ilustrativo.

*– Almoço de aniversário do papai. Ele, com todo direito, tomou umas cervejas a mais. Ele adorava cerveja. Tchau, pai. Tchau, seu Isaac – aquela fofa da D. abraçou e beijou meu pai. Então ele olha para nós duas e diz para ela, apontando para mim:*

*– Você gosta dela?*

*– Que pergunta! Claro que gosto!*

*– Enton, se você gosta dela, eu gosto de você. – E ali mesmo ficaram resolvidas todas as eventuais pendências que eu pudesse ter com ele.*

*Muito doido ele, coitado. Pudera, matou muitos soldados alemães em enfrentamentos. E mais um policial polonês filho da puta que matou os familiares e roubou a casa de uma conhecida. Só um psicopata poderia seguir normal depois de tudo que ele passou. Testemunhei sucessivos acessos de agressividade na nossa casa da J.M.L. Mas o seu coração de ouro, apesar da bala que atravessou seu ombro alguns centímetros acima do coração, esse sim seguiu intacto. Nunca deixei de gostar dele. O danado tinha uma coisa que fazia a gente gostar dele. E olha que eu não tinha maturidade para entender que ele poderia não ter sobrevivido. Ele tinha uma coisa que fazia não dar para não gostar dele. Fazia todo mundo gostar dele. Era de uma generosidade sem tamanho.*

(Verdade. Apesar de tudo, ele era muito gostável e gostado. Gostável e gostado, porém, requisitando cautela no relacionamento próximo. Se, enquanto criança, eu havia feito a ingênua divisão entre brasileiros e estrangeiros, educados e rudes, determinando a escolha de parceiro, agregou-se a ela a experiência de conhecer – durante anos – a agressividade entre um casal.

Fundamental identificar o limite do outro e me manter afastada daquele botão passível de deflagrar uma reação indesejada. Apertá-lo, jamais!)

## Capítulo XXIII

Fica muito claro na entrevista do meu pai em 1997, durante a qual ele faz diversas perguntas para a minha mãe, que a situação tinha voltado a certa normalidade. Mas muito antes já estavam "de bem". Tanto que foram viajar juntos para o exterior em 1977, passando por Londres, onde eu e meu então namorado estávamos fazendo um curso de inglês. Também o meu casamento, em 1978, deve ter gerado certo alívio porque finalmente eu estava regularizando minha situação civil. E a próxima irmã se casaria em 1990. Tudo com as devidas celebrações festivas para ninguém botar defeito, como é comum entre os judeus. Sem falar na comemoração dos seus 70 anos, em 1992, com direito à projeção daqueles filmes tipo "Esta é sua vida".

Verdade que as providências rotineiras da casa nunca deixaram de ser tomadas. Menos as de manutenção, essas dependiam de pessoal que viesse da fábrica e, em caso de inexistência dos profissionais específicos, ficavam sem fazer. Isso porque a dona da casa nunca teve independência para fazer gasto algum. Já desembolsos para festas, mesmo requerendo aporte maior, eram prioridade para o provedor.

Com as filhas formando suas famílias nucleares, a terceira geração que viria a nascer, cada qual a seu tempo, foi tomando espaço e desanuviando o clima. Os netos, porquanto filhos das filhas, passaram a ter convivência maior com esses avós do lado da mãe.

Embora sem ter conseguido o ansiado filho homem, tive a sorte de poder lhe oferecer um neto. Muito me comprazia em acompanhar o forte vínculo formado entre os dois.

Se tinha diálogo? Não sei. No entanto, generosidade sobrava.

Uma prova é a viagem conjunta com meus pais, marido e filhos (então com 9 e 7 anos) totalmente patrocinada, com destino à Disneyworld, indo ao encontro da fantasia e do sonho de qualquer criança – e dos adultos também. Lembranças impagáveis estofando o relacionamento intergeracional.

Convidar a nossa familinha para almoçar aos domingos fez parte da rotina durante um tempo. Nada melhor do que a comida para funcionar como veículo de aproximação entre pessoas e transmissão de afeto. Se o alimento ou o programa faz esse papel, para que as palavras? A convivência as dispensa. E a troca concreta substitui a abstrata.

Por falar em troca, um amigo me empresta *As pequenas chances*, de Natalia Timerman, um romance composto a partir da experiência da morte de seu pai. Já havia recebido recomendação de outro amigo, também julgando haver similaridade no tema. Resultado da leitura: muito mais do que a forma e o conteúdo, o que mais me afetou foi a proximidade dessa filha com esse pai. Que relacionamento mais estreito!... Existe isso? Lerem os mesmos livros? Frequentarem concertos juntos? Irem ao teatro? Tudo bem que ele era médico e ela é também. Mas essa está longe de ser a explicação. Do que está contado, seja realidade, seja versão da autora – pouco importa –, sobressai um mesmo repertório cultural.

Uma proximidade na vida, na doença e até no processo da morte anunciada: uma comunicação invejável.

E não é que me volta à lembrança uma conversa quase única com meu pai sobre assunto nada concreto? Sei lá por que, na adolescência, fui lhe dar satisfação sobre o namoro rompido com um médico. Necessário explicar que, há décadas e em família judias tradicionais, um "doutor" seria considerado "um bom partido". Além do mais o cara era ostensivamente abastado.

Será que eu temia alguma espécie de reprimenda? Ou apenas quis explicar?

– *Pai, eu terminei o namoro com o M.*

– ...

– *Terminei com ele porque não gosto dele, não gosto nem do cheiro dele.*

– *Não gosta, não serve*, mamesheine.

Nunca imaginei que ele fosse ser tão compreensivo. Ao mesmo tempo, tão pouco argentário, o que eu, ainda adolescente, intuía pela sua simplicidade. Simplicidade da qual eu nunca tive vergonha. E quando li que o pai de Annie Ernaux falou o mesmo para ela, me bateu tristeza. Tristeza de imaginar que – a despeito da pouca escolaridade, no fundo era muito inteligente – ele intuía que pertencíamos a prateleiras diferentes.

Depois de tanta reflexão e abrindo a possibilidade de que a escrita tenha um papel terapêutico, na medida em que traduz o pensamento em palavras, concluo: e daí que pertencíamos a prateleiras diferentes? Como muito bem diz meu filho: *Tudo não terás*. Pensando bem, não posso dizer que tive pouco, muito pelo contrário. Forçando a memória a meu favor, arrisco a dizer que na época interpretei mal sua fala sobre eu ter vergonha dele. Muito mais ela continha orgulho do que constrangimento, orgulho de sua trajetória, uma vez que era socialmente respeitado. A escola da vida lhe ensinou muito, talvez até mais do que a mim. Em nada valorizava ou lhe era indiferente esse tipo de conhecimento ou estudo ou erudição, haja vista a pergunta de quanto eu ganharia com a publicação do meu primeiro livro. A régua dele era outra.

Se a minha forma de comunicação é a palavra, portanto uma representação, há que entender que a dele era mais concreta.

(Posto isso, me dá vontade de poder voltar no tempo e dizer a ele que a distância que eu sentia não tem a menor importância diante do colchão de amor que ele deixou dentro de mim. E como o retorno é impossível, me deito a escrever, aproximando a distância entre nós).

# Capítulo XXIV

Gosto muito de relembrar uma passagem com meu pai pelo pitoresco de sua ligação com a religião. E pelo que acabou respingando em mim.

Que fazia parte do vocabulário em casa expressões em iídiche e em hebraico já deve ter ficado claro. Aqui, mais uma: *Yamim Noraim* (em tradução livre, Dias Temíveis), os dez dias entre Rosh Hashaná e Yom Kipur, período de profunda reflexão entre o início do ano e o dia do jejum, data máxima do calendário judaico. Seria quando D'us decide quem vai viver no ano que se inicia e quem não.

Já contei que meu pai participou da resistência na Segunda Guerra Mundial como *partisan* e veio para o Brasil como imigrante com pouca escolaridade e sem recursos. Também mencionei que o afeto na minha direção era transmitido por meios concretos, ou seja, pela comida.

Como o local de trabalho dele ficava perto de um frigorífico, juntou-se ao pacote de víveres a possibilidade de diversos tipos de embutidos: salsichão, salames (tipo hamburguês e italiano) e lombo. Obviamente esses frios continham porco, item proibido para os judeus. Mas meu pai pouco ligava para isso. Pelo menos nessa época.

Só que aconteceu o seguinte: uma vez fiz uma encomenda e ele se recusou.

– *Não*, mamesheine. *Em* Yamim Noraim, *não*.

Por que ele se recusou? Muito simples. Que ele concordasse em trazer *chazer* para mim nos dias normais tudo bem. Mas os chamados dias terríveis ou temíveis ele não se atreveria a conspurcar.

Tamanho respeito dado por meu pai a esse intervalo me intrigou. Mais ainda me impactou o que aconteceu justo naqueles dias. Tudo porque eu e meu marido estávamos há dois anos procurando comprar, em um bairro específico, uma casa que coubesse no nosso bolso. E depois de muitas idas e vindas, conhecíamos todas as ruas e todos os preços. Até que um dia apareceu uma que preenchia todas as nossas expectativas, inclusive de valor.

Por uma coincidência, se é que existem coincidências, o negócio saiu justamente nesse período em que *Melech basadeh* (em tradução livre, D'us está no campo, ou seja, aqui na Terra nos observando nesses dias).

Então, não pude deixar de associar o fato à ocasião em que ocorreu.

Passei a gostar da chegada desses *Yamim Noraim*: atribuí a eles o significado de bom agouro. Quando estão por chegar, sempre espero que algo positivo aconteça. E mesmo que nada aconteça, só a expectativa de que vá acontecer já traz uma perspectiva positiva.

Verdade que muitas vezes a minha expectativa calhou de dar certo.

Crença minha? Que seja! Tanto faz.

Por mais que essa época seja muito mais de reflexão e de temor – os dias terríveis finalizando com o dia de jejum para expiar os pecados –, continuo com a minha intepretação de júbilo.

E a cada ano, com a chegada dessas chamadas Grandes Festas, torço para que eu tenha razão.

(Me atrai esse singelo episódio porque traz à tona certa flexibilidade do meu pai no que se refere à religião. A seu bel-prazer, ele a adapta à circunstância, sem uma rigidez característica da ortodoxia. Ou ele absorveu um tanto da malícia brasileira ou já a trazia consigo e foi determinante para a sua sobrevivência. Seja como for, espirituosamente humano.)

# Capítulo XXV

Impossível deixar de transcrever o final da entrevista para a Fundação Shoah, gravada em 1997, pela surpreendente sincronicidade. Quem diria que, passados 27 anos da entrevista, respondendo à pergunta da entrevistadora sobre o que gostaria de deixar como legado, ele se dirige a um problema atual. Lembrando que, na época, inexistia um país onde pudesse buscar refúgio, meu pai enfatiza a existência do Estado de Israel como essencial. Diante da onda global de antissemitismo que emergiu da guerra no Oriente Médio, depois do atentado mais desumano e horrendo desde o Holocausto, provocado pelo grupo terrorista Hamas, em 7 de outubro de 2023, ele tem sua razão.

*– O senhor acha que tudo o que senhor passou durante a guerra influiu na educação dos seus filhos?*

*– Eu acho que... judaísmo, né? Mandei na escola Beith Chinuch*[42]

42 Colégio Iavne.

*estudar, porque estudar, falam hebraico meio fraco, né? Mas Beith Chinuch, sabe? Na escola religiosa mandei estudar.*

*– O senhor é religioso?*

*– Eu sou, sou religioso. Depois da guerra não, não pratiquei porque não deu. Mas depois da guerra aqui, uns anos, estava meio difícil aqui no começo, não era muito religioso, mas depois eu estou, todo dia de manhã cedo eu acordo, cinco horas todo dia, vou rezar, por* tefilin, *todo dia. Sexta-feira, sexta-feira também, se larga cedo o serviço, se vai sábado. Eu tô ajudando muito a sinagoga nossa, chama Tzach*[43]*. Então sempre eu estou lá, ajudo eles, trabalho.*

Meu pai reporta que, embora criado em uma família religiosa e tenha frequentado *cheder*[44], no início de sua vida em São Paulo privilegiou o trabalho em detrimento da reza. Mais ainda quando casado e com quatro filhas. Porém, décadas depois e já com a sobrevivência bem assegurada, sua mãe lhe apareceu em sonhos dizendo que agora ele já tinha condições de voltar a rezar. Foi o suficiente para obedecer à sua mãe e retornar às idas diárias à sinagoga.

Sempre foi ligado à religião. Prova disso é que já tinha levado seu *tefilin*[45] quando fugiu do gueto e resolveu se engajar com os *partisans* na floresta.

43 Tzach, acrônimo de Tzeirei Agudat Chabad, uma sinagoga que meu pai frequentou muito tempo.

44 Escola de educação religiosa judaica.

45 *Tefilin*, em português, filactérios, são apetrechos de couro (duas caixas e faixas) usados em uma reza matinal específica.

*– Interessante era, no começo, eu... quando eu fui, peguei* tefilin. *Então eu, eu não tinha medo lá, eu pus* tefilin, *eu pus. Eu tinha levado. E tinha um* yid *[judeu], ele falou: "Por que você está usando esse* tefilin *aqui?". E o russo falou: "Que te interessa? Deixa ele. Se não faz bem, mal não faz". O russo,* goy, *falou. Veja: o* yid *criticou, e o russo comunista, ateu, falou: "O que você quer? Deixa ele! Não sei se faz bem, mas mal não faz". O russo falou para mim assim. O russo, não o judeu, falou isso. Nosso* yid, *fica quieto você, que te interessa se eu ponho* tefilin*? Assim é a vida.*

Um amigo de infância da minha irmã caçula, em sua visão mística, credita seu retorno à religião ao meu pai. Teria ele esse poder?

*– Vou tentar falar uma maneira bem objetiva a minha experiência que eu tive com meus queridos vizinhos de frente na década de 1970, início da década de 1980, onde o Sunny, que era meu apelido, ficava brincando na rua, chamava a Lilian, minha vizinha da frente, para brincar. E uma coisa me chamava atenção naquela época, o final dos anos 1970, que Isaac, seu Isaac, pai da Lilian, vinha e falava comigo de uma maneira carinhosa e descobriu ou já devia saber que eu era judeu, mas completamente assimilado. Aí ele perguntou para mim qual era o meu nome em hebraico. Eu não sabia. Aí fui para casa, perguntei para o meu pai, para a minha mãe, qual era o meu nome e eles me falaram "Faivel". Aí na primeira oportunidade que o seu Isaac teve, ele veio: "Qual é o seu nome? Você descobriu?". "É Faivel." Ele ficou numa felicidade. Faivel! Faivel! Dali em diante ele nunca me chamou pelo apelido*

*que todos me chamavam, que era Sunny, e sempre Faivel. E eu pegava carona sempre com ele de manhã quando a Lilian estava fazendo cursinho no terceiro colegial. Eu estava no primeiro, tinha tomado dois pau. Estava dois anos ou três atrasado. Ele, de manhã, era bem característico aqui na rua, quando ele ligava aqueles carros que ele tinha, sempre seis cilindros, o que significa seis cilindros? Aquele motor, que ele ligava e deixava esquentando, era hora de eu descer rapidinho para pegar carona, se não eu perdia* [ele ri]. *Enfim, foi um contato, hoje a gente sabe a importância que tem, que ele me trouxe, não deixava eu esquecer que eu era um judeu, sempre fui um judeu.*

* * *

*– O senhor quer deixar alguma mensagem, algumas palavras para as futuras gerações, para suas filhas, para seus netos?*

*– Eu acho mais certo que tem, tem que ajudar muito Israel, isso que tem, primeira coisa tem que, não existe maior* mitsvá[46] *do que ajudar a reconstruir Estado de Israel, trabalhar para Israel, essa é a única coisa minha, quando eu pego jornal, primeira coisa eu quero ver o que aconteceu com Israel, única coisa tem que* Am Israel chai[47]. *Tem que ver não só Israel, não digo tanto a religião, como Israel, esse é a única coisa que tem, maior* mitsvá *que tem, que ajudar Israel. Eu, por exemplo, estou no Herut, estou ajudando muito, partido pequeno, mas eu estou ajudando muito eles sempre. Estou vendo, estou indo atrás, estou ajudando muito. Única coisa:*

46 *Mitsvá*: refere-se a um dos 613 mandamentos de D'us que constam na Bíblia a serem cumpridos como um dever religioso.
47 Viva o povo de Israel (tradução livre).

Am Israel chai.

– *O senhor quer dizer mais alguma coisa?*

– *Dizer... O que que a gente pode dizer? Dizer o seguinte: para nunca mais acontecer o que aconteceu, aquele Holocausto que nós tinha lá, porque tem ainda gente que falam que não tinha nada, não era nada. Não é que não tinha nada, tinha lá Holocausto, não sei como que pode mentir, dizer que não tem lá. Nunca mais para acontecer isso aqui que aconteceu. Não quero mais ver, as futuras gerações nossas nunca mais ver esse aqui, o que que eu vi na minha vida. Eu não conto demais para as minhas crianças aqui porque não quero, não quero deixar eles amargados com o que eu passei, que eu passei fome e tudo. Nunca mais passar fome. Sempre para os meus amigos e para os meus conhecidos ajudar a reconstruir a cidade e o povo de Israel.* Eretz *Israel. Esse aqui é o nosso futuro. Sem Israel nós não valemos nada nós no mundo. Só Israel, mais nada.*

# Epílogo

Já estava finalizando os últimos capítulos quando, conversando ao telefone com uma amiga psiquiatra, ela me ouviu atenta contar a sinopse do livro e mencionou o que poderia ser uma nova hipótese totalmente diferente, que talvez possa se agregar à minha.

*– Seu pai sofria de uma doença.*
*– Como assim?*
*– Quantos anos ele tinha quando começou?*
*– Acho que mais ou menos uns 50.*
*– Costuma dar depois dos 50 anos.*
*– Ele inventou que a minha mãe tinha um amante.*
*– Não fala assim, ele não inventou. É uma doença, ele não inventou nada.*

O acolhimento que transbordava da sua fala me surpreende. Naquele momento surgia, como mágica, uma outra perspectiva possível para tudo o que aconteceu. Toda uma memória haveria de ser reconstruída em outros termos. Mas eu tinha que complementar com os dados da minha experiência.

*– Foi a partir de uma cena que ele viu.*

*– Pode ser que ele já estivesse doente.*

*– Depois de alguns anos, melhorou.*

*– Ruim dessa doença é que muitas vezes tomar remédio não ajuda. Mas pode procurar terapia. Tenho um paciente assim no consultório.*

*– Como é o nome da doença?*

*– Transtorno delirante permanente. Se encaixa direitinho. Procure no* DSM *ou no Cid 10.*

*– Vou ler e ver se encaixa.*

Mais do que depressa corri a buscar mais informações no tal DSM, o Manual Diagnóstico e Estatístico de Transtornos Mentais[48], cuja sigla deriva de *Diagnostic and Statistical Manual of Mental Disorders*. E, de fato, os comportamentos dele combinam. Bingo! Sem a menor intenção de julgá-lo, lamento pelo seu duplo sofrimento (causado pela guerra e pelo delírio, talvez concorrentes) e concluo pela sua inocência.

Aqui, informações provenientes do DSM 5, a versão mais atual do compêndio.

"A base do transtorno delirante persistente, como o próprio nome da condição diz, é ter o delírio, sintoma essencial para o

48 https://www.institutopebioetica.com.br/documentos/manual-diagnostico-e-estatistico-de-transtornos-mentais-dsm-5.pdf . Acessado em 7 mar. 2024.

diagnóstico. Delírio é uma crença inabalável (provas concretas de que aquele pensamento não condiz com a realidade não são suficientes para que a pessoa com o transtorno mude de opinião) em algo que não é verdadeiro ou que não está baseado na realidade.

"Assim, o delírio pode estar relacionado com uma série de situações fantasiosas, entre elas, o ciúme excessivo, em que o tema central é ter um parceiro infiel. Essa crença é injustificada e está baseada em inferências incorretas apoiadas por pequenas 'evidências'".

No caso do meu pai, seria a visão do colega da aula de inglês. Embora sem nenhum indício de haver traição, mesmo assim a pessoa com o transtorno crê piamente ser traída. Em casos graves, pode ocorrer violência contra a pessoa vítima dos ciúmes. Pois é...

Persistirá para sempre a dúvida sobre os motivos do seu comportamento bizarro. Impossível ter certeza; impraticável fazer um diagnóstico extemporâneo. Mas eu me reservo o direito de fazê-lo. Escolho acreditar que ele padeceu dessa condição sim, assim como todas nós, irmãs e esposa, sofremos juntas. E também superamos, junto com ele. Para sempre nutrirei o mesmo amor que chega até o coração, respondendo à pergunta que ele me fazia quando criança, em iídiche.

Todavia, se essa hipótese fosse verdade, muitos dissabores na família seriam evitados. Sei lá se haveria alguma mudança, duvido que ele aceitasse um tratamento. De qualquer forma, a nomeação em si já daria outro entendimento e alívio para a esposa – vítima maior do problema – e quem sabe até para o próprio.

Ele viria a falecer em 2007 e me coube o privilégio de ter sugerido seu epitáfio, aceito pelas irmãs. Difícil escolher poucas palavras para representá-lo. Mas todas concordaram com a minha sugestão:

Que seu ânimo, força de vida e generosidade permaneçam em nós.

Amém!

[Posfácio]

# Heróis anônimos

Há menos de um século o nazismo ganhou força e dominou grande parte da Europa, almejando conquistar o mundo. Colocava-se acima das democracias liberais e do comunismo, trazendo um conceito perigoso, presente nas guerras de extermínio (mesmo que de forma inconsciente) desde a pré-história: o da eugenia, isto é, a defesa de uma melhoria genética entre os seres humanos. E quem determinaria o critério? No caso dos nazistas, Hitler e seus aliados. E quais as principais vítimas? Os judeus residentes na própria Alemanha e nos países à volta, em especial o Leste europeu. O nazismo era um movimento não só de bandeira nacionalista, mas de orgulho étnico, ou seja: racista. Com a violência de sua política expansionista, os nazistas e fascistas provocaram a reação do resto mundo, decisiva pela colaboração entre liberais e comunistas. Mas a resistência também se deu entre as próprias vítimas diretas do nazismo. Se milhões de judeus morreram em câmaras de gás, outros pegaram em armas e o enfrentaram de frente, para em alguns casos sobreviverem e recomeçarem suas vidas em outros países, em outros continentes, em outras esferas existenciais (além das que podiam imaginar durante a guerra). E na melhor das hipóteses, gerar descendentes que vivessem em um mundo melhor, de menos conflitos e de mais desfrutes. Sonia Manski, filha de um integrante dessa resistência, toma para si a missão de resgatar a história dele. Ao mesmo tempo em que traz à tona esse herói anônimo, revisita sua relação com ele. O fato de ter recebido uma educação privilegiada, em contraste com a do pai, acaba gerando um contato peculiar entre eles. Uma leitura para quem tiver interesse em conhecer a história com letra minúscula, vista de dentro e com muito afeto.

*Filipe Moreau*

# Índice

www.laranjaoriginal.com.br

*Edição* Filipe Moreau e Bruna Lima
*Projeto gráfico* Marcelo Girard
*Imagem da capa* Arquivo de família
*Digitalização e tratamento* Hilton Ribeiro
*Produção executiva* Bruna Lima
*Diagramação* IMG3

Dados Internacionais de Catalogação na Publicação (CIP)
(Câmara Brasileira do Livro, SP, Brasil)

Manski, Sonia
Um pai : distância aproximada / Sonia Manski. – São Paulo : Editora Laranja Original, 2025. – (Coleção rosa manga)

ISBN 978-85-92875-99-2

1. Família - Histórias 2. Holocausto judeu 3. Manski, Sonia 4. Mulheres - Autobiografia 5. Mulheres - Memórias autobiográficas 6. Mulheres - Histórias de vida 7. Relatos pessoais 8. Superação I. Título. II. Série.

25-252038 CDD-920.72

Índices para catálogo sistemático:
1. Mulheres : Autobiografia 920.72
Aline Graziele Benitez - Bibliotecária - CRB-1/3129

Laranja Original Editora e Produtora Eireli
Rua Isabel de Castela, 126
05445-010 São Paulo SP
contato@laranjaoriginal.com.br

*Fontes* Janson e Geometric
*Papel* Pólen Bold 90 g/m²
*Impressão* Infinity
*Tiragem* 150 exemplares